¡Ayuda!

Estoy casada con mi pastor

I0869456

Jani Ortlund

¡Ayuda! Estoy casada con mi pastor

Aliento para las esposas de pastores y para quienes las aman

¡Ayuda! Estoy casada con mi pastor: Aliento para las esposas de ministros y para quienes las aman

"Con la dulzura que la caracteriza, Jani ha escrito una joya de libro. ¡Cuánta gracia y sabiduría en cada capítulo! Aunque es un libro dirigido a esposas de pastor, está lleno de consejos bíblicos prácticos para cualquier esposa que anhele honrar a Dios honrando, amando y sirviendo a su esposo, haciéndole "bien todos los días de su vida" (Prov 31:12). Un libro hermoso, retante e inspirador para toda esposa. ¡Altamente recomendado!"

Laura González De Chávez
Directora Aviva Nuestros Corazones

"Este libro tiene un encanto particular. Es un concentrado alimenticio y deleitoso, con el agradable y persistente sabor a Cristo, el evangelio y lleno de amor al servicio de Dios y Su reino. Abarca muchos temas prácticos y sabios fruto de 40 años en el ministerio de la autora. Posee un ingrediente genial, y hasta donde sé, único, y es que al final de cada capítulo Jany escribe una nota para el pastor; de esa manera, el libro resulta beneficioso para ambos, propiciando un excelente puente de comunicación íntima y profunda, tan necesaria, entre el pastor y su esposa. Alabo al Señor por esta contribución de Jani Ortlund que será de gran beneficio y aliento para aquellas que Dios ha dado el privilegio de servirle como ayuda idónea de un ministro del evangelio."

Gloria de Michelén
Esposa de pastor por 40 años, madre de tres y abuela de cinco

"Dios me envió las palabras de Jani en el momento preciso. Ella nos ofrece ayuda práctica e invaluable para enfrentar la montaña rusa de la vida ministerial como esposa de pastor, y lo hace con un estilo refrescante que se siente como una conversación con una querida amiga. También anima a una mayor cercanía con el amigo más fiel: Jesucristo. Ya sea que te encuentres en las elevadas y gozosas alturas de la montaña rusa del ministerio, o en las temidas y desgarradoras profundidades, las palabras de Jani, con seguridad alentarán tu alma. Voy a leer este libro una y otra vez."

Hannah Mathenia
esposa de Anthony Mathenia, pastor de la Iglesia de Cristo,
New River Valley, Virginia

¡Ayuda! Estoy casada con mi pastor

Publicado por Editorial Patmos,
Miami, FL 33169

Publicado originalmente en inglés por Crossway,
1300 Crescent Street, Wheaton, Illinois 60187, con el título
Help! I'm Married to my Pastor

Diseño por Elisangela Santos | Leonardo Engel
Traducido por Nedelka Medina
Editado por Fanny de Gomez y Rudy Ordoñez

ISBN: 978-1-64691-202-5
eISBN: 978-1-64691-203-2

Categoría: Vida Cristiana/Mujeres

Impreso en Colombia | *Printed in Colombia*

Para Ray Ortlund Jr.
El más verdadero y mejor de su generación
y el pastor de Cristo con el que me he casado.
Estoy eternamente agradecida.

Contenido

Prólogo

Un héroe anónimo se define como "alguien que realiza grandes obras, pero que recibe poco o ningún reconocimiento por ellas". Es una descripción acertada de la esposa de un pastor, ¿verdad?

Ella derrama su vida no sólo por su familia, sino también, con su esposo, por su iglesia. Ella no es una persona que agota la vida, sino que enriquece maravillosamente la de todos los que la rodean. El mundo está más vivo porque ella está viva. Es como Cristo. De hecho, ella es de Cristo.

Si eres la esposa de un pastor, esa eres tú. Es por eso que tú eres tan importante, aunque lastimosamente, no siempre se te agradece como mereces. Así que cuando abras este libro, permíteme ser el primero en darte las gracias. Gracias por poner a Cristo en primer lugar. Gracias por amar a tu esposo pastor. Gracias por creer, por orar y por servir. Todos tenemos una gran deuda de gratitud contigo. Este libro importa, porque tú importas. Mi increíble esposa, Jani, escribió esto para ti, para apoyarte y animarte, para darte un poco de aire fresco en tus travesías; para ayudarte a sentirte reconocida, entendida y respetada; para invertir en ti y fortalecerte y prepararte para tu glorioso futuro. Ella se alegra de que este libro esté ahora en tus manos. ¡Que el Señor mismo añada Su bendición!

Déjame contarte algo sobre la autora de este libro. Así como "había un hombre enviado por Dios, cuyo nombre era Juan" (Juan 1:6), también hay una mujer enviada por

Dios, cuyo nombre es Jani. Tengo el santo privilegio de ser su esposo. Por debajo de Cristo ella es el mayor regalo de Dios para mí. Ella también es un regalo para ti, como tú lo eres para muchos.

Me alegro de que Jani haya escrito este libro. Ella está calificada para hacerlo. Sin duda, ella ya que sabe de qué está escribiendo; pues cuando fui ordenado para el ministerio en 1975, ella estaba allí, totalmente comprometida. No puedo recordar un solo domingo en todos estos años cuando ella no estaba allí, orando por mí y animándome. Jani lo ha visto todo y ha sobrevivido a todo, y hasta este día sigue dando vida, incluso más que nunca.

Nunca he visto a Jani rechazar el llamado de Cristo en su vida. Nunca la he observado devolver mal por mal. Nunca la he visto sumergirse en la desesperación y el enojo. Una y otra vez, ella ha puesto su confianza en el Señor y valientemente ha hecho lo correcto. Como resultado, ella ha crecido profundamente en Cristo y en su capacidad de dar vida. Por este motivo, así como yo, las iglesias a las que hemos servido le debemos tanto. Mi éxito es el suyo.

Ahora, su experiencia adquirida con tanto esfuerzo a lo largo de estos años es su regalo para ti, a través de este libro. Tal vez la mejor manera de beneficiarse de él es leerlo lentamente, un capítulo a la vez, compartiendo tus pensamientos con tu esposo a lo largo del camino. Al final de cada capítulo, Jani incluye una breve nota para tu esposo, para que los dos puedan experimentar el viaje uno al lado del otro. Al final, estarán juntos en un lugar más profundo, por la gracia de Dios, para su gloria. Mientras tú vuelvas más fuerte, Jani se volverá más feliz.

Gracias por darle a Jani el privilegio de servirte.

"El SEÑOR te bendiga y te guarde;
el Señor haga resplandecer su rostro sobre ti,

y tenga de ti misericordia;
el SEÑOR alce sobre ti su rostro,
y te dé paz" (Números 6:24-26)

Ray Ortlund, Pastor a Pastores,
Iglesia Immanuel, Nashville, Tennessee

Introducción

Su voz era desconocida para mí, pero su historia me resultaba muy familiar. "Mi esposo es pastor y no sé con quién hablar. ¿Tendrías tiempo para reunirte?". Enseguida se desahogó conmigo al dejarme saber de su desaliento, confusión y de las relaciones rotas.

Los matrimonios de aquellos que están en el ministerio, tienen tensiones singulares que a menudo oscurecen la alegría de construir un romance para toda la vida. Una mujer se casa con un hombre, no con su ministerio, pero de alguna manera el llamado de su esposo se filtra en cada aspecto de su relación de una sola carne. El peso de enseñar la palabra de Dios cada semana, la carga de sobrellevar las crisis personales y confidenciales de su congregación, la responsabilidad de guiar a los amigos en los acontecimientos más significativos de la vida (nacimientos, bautizos, bodas, fallecimientos), la obligación de dirigir al personal y a los líderes laicos con competencia, la tarea de criar una familia piadosa en un entorno público, el llamado a vivir una vida digna de imitar en todos los sentidos. Estas y otras presiones ministeriales pueden causar tensiones en el matrimonio del pastor y su esposa.

Este libro es para todas las esposas de ministros que alguna vez se han sentido solas y temen no tener lo necesario para mantener un matrimonio feliz mientras se está en el servicio a Dios. Es, curiosamente, una validación de ese miedo. ¿Quién, después de todo, es realmente capaz de esta vocación?

Este libro es también una afirmación de que Dios llevará a cabo sus buenos propósitos en ella y a través de ella. El matrimonio con un pastor es un llamado sagrado. La esposa del pastor le teme a los rumores y al romance, a las finanzas y a las amistades, a la hospitalidad y a los quehaceres del hogar, que todos puedan encontrar un lugar de descanso en el que la llamó a este matrimonio ministerial. "Fiel es el que os llama, el cual también lo hará" (1 Tes. 5:24).

Lo que toda mujer casada con un ministro no necesita es una lista de cosas que hacer para mantener a todos contentos, sino que una amiga, otra mujer la llame desde más allá del camino, diciéndole que esta vida de sacrificios vale la pena porque Jesús lo vale. Si el Señor lo permite, quiero ser esa clase de amiga, que llame a las que vienen detrás de mí: "¡Sigue hacia adelante! Puede que estés en un lío ahora mismo pero sigue adelante! ¡Valdrá la pena! Servimos al Dios que recuerda. Él ve. Él sabe. Él se preocupa".

¡Ayuda! Estoy casada con mi pastor, es el resultado de casi cincuenta años casada con un pastor A lo largo de nuestro ministerio he experimentado éxitos y fracasos, he derramado lágrimas de alegría y lágrimas de vergüenza, he hablado palabras de afirmación y palabras de chismes. He amado profundamente a Ray, y le he herido gravemente. Pero en todo ello, Jesucristo nunca me ha abandonado. El me ha guiado y amado y me ha dado una historia que contar, una historia llena de su misericordia y fuerza en medio de mi propio pecado y debilidad.

Quiero compartir algunas de las maneras en que nuestro bondadoso Rey me ha contestado cuando todo lo que podía gritar era: "¡Ayuda! Estoy casada con mi pastor!". Quiero fortalecer tu alma en Cristo y animarte a continuar en la fe (Hch. 14:22).

También quiero ayudarte a construir un puente entre tu corazón y ese pastor del cual te enamoraste. Al final de cada capítulo podrás encontrar una carta que he escrito a tu esposo. Mira si está interesado en leerla e interactuar contigo. Si no, apóyate en mí y dile con un brillo en los ojos: "Jani dice que si lees sus cartas para ti, ¡yo haré que valga la pena tu tiempo!" Entonces, querida esposa de pastor, ¡comienza a pensar en un buen premio para tu esposo pastor! Tal vez podrías leer un libro que él haya sugerido que leas. O tal vez él ha estado deseando que le acompañes a la tienda de artículos deportivos para comprar una nueva caña de pescar o un rifle para la caza (pregúntame cómo sé de este tipo de regalos). O tal vez disfrutar de una cita por la noche que tú organices para los dos. O incluso una noche tranquila a solas en casa, con velas y una buena película y... las posibilidades son incontables. La idea es mostrarle tu gratitud de una manera que sea significativa para él. Ambos se beneficiarán, lo que hará que tu matrimonio salga ganando.

Gracias por leer este libro. Gracias por esforzarte en tener un matrimonio que sea lo más satisfactorio y ejemplar posible. Al leerlo, ruego humildemente que estas palabras puedan endulzar y suavizar los sacrificios que cada esposa de un pastor realiza. Que Dios te bendiga cada vez más.

1

¡Ayuda! Yo no he buscado esto

Sea cual sea tu historia, estamos juntas en este club de locos, en este club de "soy la esposa del predicador" que te distingue a los ojos de cualquier otra persona que no lo sea. Algunas de ustedes crecieron con la esperanza de casarse con un pastor, y Dios les dio el deseo de su corazón. Otras se enamoraron, y resultó que ese hombre se encaminaba hacia el pastorado, así que lo siguieron. Y algunas de ustedes se conocieron, se casaron, empezaron a trabajar y a formar una familia, y luego,

¡caramba!, tu esposo… te dijo que Dios lo llamaba al ministerio. Es posible que todavía estés tratando de entender lo que pasó.

Como sea que hayas llegado aquí, te has unido a ese grupo especial conocido como "esposa de pastor". ¿Puedo ser tu amiga? ¿Podríamos compartir unas horas juntas deleitándonos en las alegrías y privilegios de convertirse en uno con un hombre apartado para dirigir la iglesia del Dios vivo? ¿Y me dejarías sobrellevar contigo algunas de las tensiones que fluyen de tu llamado en la vida mientras juntas miramos al que nos llamó a todos?

Actúan como si tuvieran dos por el precio de uno

En nuestros casi cincuenta años de ministerio, nunca he conocido a una esposa que me dijera: "¡Jani, ser esposa de un ministro es mucho más fácil de lo que pensaba! ¡Toda mujer debería ser tan afortunada como para tener mi función!". Pero lo que he oído, y a veces he sentido yo misma es:

> "Algunas personas me tratan como si el pastoreo fuera mi trabajo, al igual que el de mi esposo".
>
> "¡No soy una pastora! ¿Por qué la gente espera que yo sepa todo lo que pasa en la iglesia?"
>
> "Yo trabajé para que mi esposo estudiara en el seminario. ¿Por qué algunos esperan que yo sea una experta en Biblia? A veces me siento avergonzada e ignorante".
>
> "Las mujeres acuden a mí en busca de consejo, pero yo no he tenido una formación en consejería. ¿Y si lo hago mal?"
>
> "¿Y si... ?" "¿Por qué... ?"

Lo que he escuchado es que las complejidades de este cargo superan las expectativas y los sueños de una esposa. La mayoría de las esposas de los pastores desean desesperadamente apoyar y fortalecer el servicio de su esposo a Cristo, pero se sienten fracasadas. Se sienten solas y temerosas de que nunca estarán a la altura.

Quiero decirte que no estás sola. No estás loca. No cometiste un error al casarte con ese hombre. Dios sabía exactamente lo que estaba haciendo cuando los juntó a los dos y despertó ese extraordinario amor en sus corazones.

Hace mucho tiempo

Piensa en todo lo que Dios ha hecho para traerte a este momento de tu vida. Dios, en la eternidad pasada, te eligió para ser un soldado activo en su poderosa operación de rescate de este mundo necesitado.

La Biblia dice que hace mucho tiempo, antes de los cimientos del mundo, Dios pensó en ti y te eligió para que fueras suya:

> ...según nos escogió en Él antes de la fundación del mundo, para que fuéramos santos y sin mancha delante de Él. En amor nos predestinó para adopción como hijos para sí mediante Jesucristo, conforme al beneplácito de su voluntad (Efes. 1:4-5).

Hace mucho tiempo, incluso antes de que nacieras, Dios formó y numeró los días de tu vida:

> Tus ojos vieron mi embrión, y en tu libro se escribieron todos los días que me fueron dados, cuando no existía ni uno solo de ellos (Salmo 139:16).

Hace mucho tiempo Dios planeó el camino para tu propia carrera personal en la vida, una carrera que sólo tú puedes correr:

> Por tanto, puesto que tenemos en derredor nuestro tan gran nube de testigos, despojémonos también de todo peso y del pecado que tan fácilmente nos envuelve, y corramos con paciencia la carrera que tenemos por delante (Heb. 12:1).

Hace tiempo Dios decidió y preparó buenas obras que sólo tú caminarías:

> Porque somos hechura suya, creados en Cristo Jesús para hacer buenas obras, las cuales Dios preparó de antemano para que anduviéramos en ellas (Efes. 2:10).

Luego Dios entró en el tiempo y te hizo en secreto, tejiéndote en el vientre de tu madre y te trajo a Su mundo, luego se reveló a ti con irresistible poder divino y te puso en tu propia peregrinación personal para pasar la eternidad con él:

> Porque tú formaste mis entrañas; me hiciste en el seno de mi madre…
> No estaba oculto de ti mi cuerpo, cuando en secreto fui formado, y entretejido en las profundidades de la tierra (Sal. 139:13, 15).

En el camino, te presentó a ese hombre piadoso que capturó tu corazón. Dios provocó que un dulce fuego se encendiera entre ustedes, y te entregó a tu esposo como su propio regalo personal del Señor:

> El que halla esposa halla algo bueno y alcanza el favor del Señor (Prov. 18:22).

Aprendamos a ver el panorama general de los grandes propósitos de Dios. Nuestro llamado como mujeres comprometidas con el ministerio es una parte vital del plan eterno de Dios. Él sabe, ve y se preocupa. Tu vida como esposa de un ministro puede sentirse como mucho más de lo que esperabas. Pero Dios está en ella, íntimamente involucrado y comprometido en ayudarte a cumplir el llamado en tu vida (1 Tes. 5:24). Contémplalo a Él. Confía en Él. Verás que valdrá la pena.

UNA CARTA A TU PASTOR

Estimado pastor,

¿Le has dado a tu esposa la libertad de abrir su corazón contigo? ¿Por qué no le preguntas qué es difícil para ella como esposa de un pastor? A medida que ella se abra, procura no corregirla ni defenderte. Escucha y simpatiza con ella.

¿Hay maneras en las que puedas afirmarla? Sin dudarlo ni por un momento, ¡hazlo!

¿Y por qué no le preguntas a tu esposa qué expectativas tiene de ti y de los demás? Decidan juntos cuáles son las que deben ser aceptadas por parte del Señor y cuáles pueden ser descartadas con seguridad (2 Corintios 10:18). Después, tómala en tus brazos y ora por ella y por tu matrimonio. Te alegrarás de haberlo hecho, y también lo hará tu rebaño!

En oración,
Jani

2

¡AYUDA! Es domingo por la mañana

Beverly se casó con un pastor y sus cuatro hijos vinieron en rápida sucesión. El domingo solía ser el día más estresante de su semana. Su esposo salía temprano para abrir la iglesia y prepararse para su mañana de trabajo. Mientras que ella debía vestir a sus cuatro hijos, darles de comer y sentarlos en sus asientos en el automóvil sin ayuda de nadie, sin olvidar prepararse a sí misma, todo esto, a veces resultaba ser abrumador.

La patrulla del zoológico

Saber que tendría que acorralar alegremente a sus pequeños a lo largo de la mañana, mientras se presentaba a los visitantes y recordaba las preocupaciones muy reales de los miembros de la iglesia, aumentaba su angustia del domingo por la mañana. En el momento en que entraba al estacionamiento, su corazón anhelaba escapar a cualquier otro lugar de la tierra donde hubiera menos obligaciones y expectativas.

Un domingo, mientras bajaba a los niños del automóvil, se dio cuenta que no trajo la bolsa de pañales de su hijo de dos años. Seguramente la dejó encima del mostrador de la cocina, otra vez. ¿Cuándo aprenderá por fin a usar el baño? Ella podía imaginar la sonrisa forzada de la maestra de escuela dominical cuando ella lo dejara con las manos vacías. Entonces se dio cuenta de algo aún más desalentador: ¡Ella tenía dos zapatos diferentes! Quizá en el futuro, al mirar hacia atrás lo encontraría bastante divertido, pero no ese domingo.

Qué bendición que Helen viera las lágrimas que brotaban de los ojos de Beverly al pasar. Después de ayudar a Beverly y a los niños a entrar en la iglesia, Helen se puso a pensar, y unos días después le contó a Beverly un plan que ella y otras siete damas querían

implementar: la patrulla del zoológico. Cada domingo por la mañana, dos de estas mujeres mayores llegarían a la puerta de Beverly una hora antes de que comenzara el servicio de la iglesia para ayudarla a alimentar, vestir y transportar a su pequeño zoológico a la iglesia. Qué felicidad para todos: el pastor, la esposa del pastor, las mujeres que estaban sirviendo y los cuatro pequeños que tenían a alguien que cariñosamente les ayudaría a servirles la leche así como a peinarles y cerrar sus chaquetas.

Una cucharada de azúcar

Nunca tuve una patrulla del zoológico, ¡pero a menudo la necesitaba! Vivimos en Escocia durante cuatro años mientras Ray obtenía su doctorado en la Universidad de Aberdeen. Ray ayudaba en nuestra iglesia, por lo que salía temprano los domingos por la mañana. Me resultaba difícil conseguir que nuestros cuatro hijos estuvieran listos y dispuestos para nuestra caminata de un kilómetro a la iglesia (no teníamos automóvil en ese momento).

Tenía que hacer algo para luchar contra las quejas, las lágrimas y mi propio resentimiento que iba en aumento. Así que decidí intentar hacer que la mañana del domingo fuera la mejor de la semana, algo que yo pudiera anhelar en lugar de temer. El sábado por la noche me aseguraba de que la ropa de los niños estuviera lista para evitar la innecesaria tensión de "no encuentro mi otro zapato" o "el zipper de mi chaqueta está dañado".

A menudo mezclábamos una masa de levadura fresca el sábado por la tarde y nos divertíamos enrollando varios rollos de canela para que crecieran durante la noche. Los niños se despertaban con ese delicioso aroma, que todavía nos hace regresar en nuestros corazones a nuestra pequeña cocina en Royal Deeside. Unos huevos revueltos y fruta fresca completaron nuestro desayuno especial del domingo.

Después de colocar los platos en el fregadero partíamos, y yo tenía "caramelos" en el bolsillo para premiar la obediencia pronta y alegre. Teníamos competencias para ver quién llegaba hasta el siguiente portón sin quejarse, o quién podía divisar la siguiente casa con flores blancas en el jardín, o quién podía pensar en una cosa que le gustaba de su papá antes de llegar a la tienda de la esquina.

En el camino hablábamos de la hora tan especial que teníamos por delante, la única de las 168 de cada semana que podíamos adorar a Dios junto con nuestros amigos. Le pedía a los niños mayores que nos regalaran a mí y a los que estaban en sillas cerca de nosotros, el sentarse en silencio durante este breve tiempo para que pudiéramos orar, cantar y escuchar. Les animé a que trataran de participar en la medida de sus posibilidades. Cuando les enseñé a sentarse en silencio, a veces les recompensaba con más caramelos durante el sermón.

Luego, de camino a casa, nos animábamos con palabras de alegría sobre el tiempo que habíamos pasado en la iglesia, y yo les daba las gracias por quererme, por respetar a los adultos que nos rodeaban y, sobre todo, por honrar a Dios con sus cuerpos y sus bocas silenciosas. Alrededor de la mesa en el almuerzo, yo presumía ante su papá del buen comportamiento, y ellos se iluminaban bajo su entusiasta aprobación.

¿Era cada domingo tan ideal como lo hago parecer? Por supuesto que no. Habían domingos en los que los rollos de canela se quemaban, o uno de nosotros estaba de mal humor, u —horror de los horrores— ¡me quedaba sin caramelos! Todos los domingos necesitaba confiar en el Señor del día de reposo para obtener perseverancia y paciencia, que él tan bondadosamente daba en abundancia, desbordantemente: «gracia sobre gracia» (Jn. 1:16).

Sin embargo, semana tras semana fue más fácil, a medida que empezamos a adoptar un patrón que nos traía alegría. El domingo por la mañana se convirtió, con la ayuda del Señor, en un "¡Podemos!" en lugar de un "¿Tenemos que?". Y, debo añadir, ¡todos nuestros cuatro hijos crecieron sin caries! Me pregunto si el Señor los protegió de todos mis sobornos de azúcar.

Inculcando un profundo amor por los domingos por la mañana

Lo que estoy diciendo, querida esposa de pastor, es que tienes la oportunidad de transmitir a tus hijos un profundo amor por los domingos en la mañana. Los niños aprenden a querer lo que sus padres aman. Ellos se entusiasmarán con lo que a ti te entusiasma.

Deja que vean el brillo en tus ojos cuando les digas, "¿Sabes qué día es mañana? Sí, es domingo". Que oigan la calidez genuina en tu voz cuando digas: "No puedo esperar para escuchar lo que papi nos enseñará mañana acerca de Dios". Permíteles sentir el glorioso privilegio de la adoración en comunidad mientras oras con ellos: "Gracias por nuestra iglesia y por este día especial cada semana" ayúdales a "probad y ved que el Señor es bueno" (Sal. 34:8).

Sí, esto requerirá un trabajo adicional de tu parte. Pero valdrá la pena. Inicia con algo pequeño. Sé creativa. Pídele al Señor que te ayude. O bien, ora para que una "Helen" te ayude a organizar tu propia patrulla del zoológico. Tu esposo te lo agradecerá. Tu iglesia se beneficiará. Tu propia alma podrá deleitarse mejor de la abundancia de Su casa, (Sal. 36:8). Entonces tus hijos empezarán a decir junto con el Rey David, "Yo me alegré cuando me dijeron: Vamos a la casa del Señor" (Sal. 122:1).

UNA CARTA A TU PASTOR

Estimado pastor,

¿Qué es lo que amas de los domingos por la mañana? ¿Y qué te resulta difícil de las mañanas de los domingos? ¿Puedes compartir ambas cosas con tu esposa y pedirle que te dé su opinión?

Luego, ¿por qué no soñar juntos sobre cómo pueden, como equipo, hacer de los domingos por la mañana la mejor mañana de la semana para ti y para tu familia? ¿Cómo podrías aprovechar la noche del sábado para que el domingo por la mañana sea menos ajetreada y pesada? ¿Cómo podrías ayudar a tu esposa para que esté en su mejor condición para la adoración? ¿Tal vez podrías ofrecerle tiempo para que se arregle el pelo y la cara antes de que se ocupe por completo de los niños? ¿Qué podría hacer ella para ayudarte? ¿Prepararte un desayuno saludable? Sé honesto y creativo, y gozosamente unido en tu deseo de inculcar en tus hijos un profundo amor por la mañana del domingo y todo lo que significa.

Tú puedes dar a tus hijos la más profunda impresión de que adorar a Jesús en la iglesia es tu más profundo gozo. Ayuda a tu esposa a alimentar los pequeños corazones de tus hijos con expectativas de felicidad por todo lo que el domingo puede traer a sus vidas.

Con expectativa,
Jani

3

¡AYUDA! Quiero cambiar a mi esposo

Como esposa de un pastor tienes el privilegio de conocer íntimamente a un hombre que va en pos de Dios y de Su palabra, un hombre que se esfuerza semana tras semana, año tras año, para comunicar todo lo que Dios le da a él para el pueblo que el Señor trae a su vida.

Tu ministerio más importante en la obra del Reino de Dios

Ahora bien, algunos no pensarían que conocer de manera íntima a ese hombre es un privilegio tan grande. Una vez escuché el comentario de una esposa de un pastor: "El clero debería permanecer célibe porque ningún hombre decente y de mente correcta tendría el descaro de pedirle a una mujer que sea parte de un trabajo tan desagradable. Esto es totalmente anticristiano".

> Puede ser difícil, pero no es desagradable.
> Puede ser agotador, pero no es indecente.
> Puede ser incluso doloroso, pero no es anticristiano.
> Tu matrimonio es un regalo de Dios para ti, el cual es bueno y perfecto.

Tu ministerio más importante en la obra del reino de Dios no es para tu iglesia o incluso para tus hijos. Tu ministerio más importante es para tu esposo [1]. Es así que, el mejor servicio que puedes ofrecer a la obra de Dios en tu generación es ser la persona más cariñosa, divertida y solidaria que tu pastor conozca.

Dos respuestas

Todos queremos ser ese tipo de esposa, pero ¿qué pasa con esas áreas vitales en las que crees que tu esposo necesita ajustes y cambios? ¿Qué puedes hacer cuando quieres ayudar a tu esposo arreglándolo?

[1] I am grateful for the beautiful example here of Sarah Edwards, wife of Jonathan Edwards. See Doreen Moore, Good Christians, Good Husbands? (Fearn, Scotland: Christian Focus, 2004), 94.

A continuación hay dos respuestas que le he mostrado a Ray, y que he encontrado muy útiles cuando he tenido la tentación de cambiarlo. Quizás tú también quieras probarlas.

1. Muéstrale aprecio y lealtad

Extiende la gracia a ese hombre que es tu esposo y también tu pastor. Él necesita ser casi perfecto para todos los demás. Pero tú, sé un lugar seguro para él.

Cuando uno vive con presión constante día tras día, la tendencia es encerrarse en su propio castillo protector rodeado de su foso personalizado de defensas. Tengo el privilegio, como esposa de Ray, de ser la persona que accede a su castillo incitándole a bajar su puente levadizo. Esta labor es un proceso de aprendizaje. A veces entro a la fuerza, a veces a escondidas. Sea como sea en tu matrimonio, aprende el secreto para entrar. Y, una vía clara de acceso a su corazón es apreciar de verdad lo que está intentando hacer con su vida.

Tu esposo necesita saber que tú piensas que es realmente maravilloso. Habla bien de él a sus amigos y familiares. Elógialo delante de tus hijos. ¿Otra vez llega tarde a la cena? Tienes una de dos maneras para responder:

> "¡Pobre de mí, otra vez llega tarde!" (mientras golpeas los platos sobre la mesa).
> O bien,
>
> "Pobre papá, vamos a orar por él. Debe estar tan hambriento y cansado. ¿Quién puede ayudarme a prepararle un plato para mantenerlo caliente en el horno".
>
> Honra el trabajo que está haciendo siendo flexible y respetuosa.

2. Acéptalo como él es

Los hombres interpretan los consejos como una falta de aprobación. Y tu esposo recibirá muchos consejos de los demás: sus compañeros de trabajo, los miembros de la congregación, su familia, ¡incluso sus seguidores de Twitter! Por lo que, necesita saber que tú estás de su lado, que no está solo. Deja que los demás intenten mejorarlo. Pero a tus ojos, él necesita estar bien. Lo más probable es que él sea muy consciente de sus propios defectos.

Yo soy una persona que arregla las cosas por naturaleza. A parte de eso, la gente solía intentar llegar a Ray a través de mí, especialmente las mujeres. “Sé lo ocupado que está Ray. Por favor, dile...” Y seguían con alguna queja convertida en sugerencia. De alguna manera, yo intentaba hacerle saber lo que me habían dicho, ya sea en qué lado de su traje debía poner la etiqueta con su nombre, o cómo pronunciar el nombre de un misionero, o quién debía ser nuestra próxima encargada del ministerio para mujeres. Traté de arreglarlo según los deseos de los demás, para que todos estuvieran contentos. ¡Uy! Eso sí que es una fantasía demente.

Lo intenté, hasta que un domingo por la noche, después de una semana muy larga de intenso ministerio (y ahí estaba yo, discutiendo con él otra vez por una insignificante recomendación de un miembro de la congregación), se volvió hacia mí, me tomó en sus brazos y fijó sus grandes ojos azules en mí, diciendo: “Cariño, necesito saber que hay una

persona en este mundo desordenado que no está tratando de cambiarme, que realmente me quiere por lo que soy, incluso con mis imperfecciones, alguien dispuesto a dejar que el Espíritu Santo sea la principal fuente de cambio en mi vida. ¿Estarías dispuesta a ser esa persona para mí?”. Puedes imaginar mi respuesta. ¡Claro que esa persona debía ser yo! ¡Ciertamente no quería que nadie más se presentara para aplicar a ese puesto!

Así que tuve que aprender a decir a los demás: “Es una idea interesante. ¿Por qué no llamas a la oficina y programas una cita para discutir esto con Ray? Sería mucho mejor que viniera directamente de ti que a través de mí”.

Si hay algo que crees que realmente necesita cambiar, ora seriamente y con frecuencia sobre ello. Pide a nuestro sabio Padre que se lo revele a tu hombre a través de Su Espíritu o a través de otro hermano que trabaje estrechamente con él. Luego tendrás el glorioso gozo de ver a tu pastor crecer a través del poder del Espíritu Santo en lugar del dolor de una esposa regañona.

Resguarda tu espíritu

Piensa en las bendiciones del matrimonio. Eres elegida por alguien, y tienes la oportunidad de elegir a alguien para ti. Entras en una relación de confianza, consuelo y gozo. Perteneces a un lugar y a alguien. Vives tu propia historia compartida. El matrimonio hace que dos personas estén juntas en lo que nunca podrían estar solas. Este amor mutuo te cuesta más de lo que jamás pensaste, pero te prometo que puede darte más de lo que jamás soñaste.

Sin embargo, en medio de estas bendiciones nos enfrentamos con verdaderas decepciones:

— Ingresos limitados.
— Un horario de locos.
— Inseguridad laboral.
— Malestar espiritual.
— Conflictos con la familia política.
— Momentos de intimidad poco emocionantes.
— Su incapacidad para anticipar o incluso comprender tus necesidades.
— Las interminables preocupaciones por su rebaño.

¿Cómo se pueden manejar estas decepciones? ¿Cuál es el antídoto para la «fiebre de arreglarlo» que ataca tu espíritu?

Empieza por abrazar la realidad bíblica de que el matrimonio es un compromiso incondicional con una persona imperfecta. Ese compromiso significa estar dispuesto a ser infeliz en ocasiones. Y en esa infelicidad debes guardar tu espíritu (Mal. 2:15). La infelicidad no es la peor experiencia en un matrimonio, la falta de fidelidad si lo es.

La máxima experiencia humana

He estado hablando sobre cómo aprovechar al máximo tu matrimonio. Sin embargo, recuerda que este será tan feliz, satisfactorio y apasionado como lo sea tu relación con Cristo.

En las heridas y decepciones de la vida, ¿es Jesús suficiente, o buscas algo más para que te salve de tu soledad, tristeza o inseguridad?

A veces, tu amor puede agriarse por las decepciones inevitables de vivir como una sola carne con otro ser humano. Cuando eso ocurra, contempla a tu esposo celestial, el amante de tu alma, que te ama completamente tal como eres. Él, por Su novia pagó el mayor precio que se pueda imaginar, con el propósito de capturar tu corazón y llevarte a Su abrazo amoroso.

Una mujer es más bella cuando sabe que es amada. Tu feminidad es más radiante, nutriente, amable y centrada en los demás cuando sabes que eres amada. Deja que Dios te haga, a través de Su tierno e íntimo amor, la hermosa mujer que ha establecido que seas.

¿Y dónde encontramos ese amor? ¿En dónde podemos alimentar nuestro corazón con el amor de Dios? Al pie de la cruz. Nunca te conformes con tu actual entendimiento de la cruz, en ningún momento sientas que has crecido más allá de tu necesidad de ella. Mantente lo suficientemente cerca de la cruz para que puedas sentir diariamente el calor del amor redentor de Dios por ti.

La manera más útil de animar y ayudar, en lugar de tratar de arreglar, al hombre que Dios trajo a tu vida, es encontrar la satisfacción más profunda de tu alma en Cristo. Si el amor redentor de Dios llena verdaderamente tu corazón, entonces

Dios mismo será la experiencia suprema del ser humano, y no un ministerio perfecto o una reputación excelente o un matrimonio brillante o lo que sea. "En Dios solamente espera en silencio mi alma; de Él viene mi salvación" (Sal. 62:1). ¿Por qué no acudir a Dios nuevamente hoy? Pídele que restaure tu alma (Sal. 23:3) de una forma nueva e íntima que te permita tener una relación más satisfactoria con tu esposo celestial.

UNA CARTA A TU PASTOR

Estimado pastor,

Describe a tu esposa, algunas de las presiones actuales a las que te ves sometido. Ella quiere ser la persona más divertida, cariñosa y solidaria de tu vida. Pero es posible que ella necesite un poco de orientación. Utiliza palabras como: "Me siento apoyado cuando tú…" o "Me siento aceptado por ti cuando...".

Habla de las estrategias que puede utilizar cuando personas bien intencionadas intentan llegar a ti a través de ella. Luego, afírmala mientras se recupera de la "fiebre por cambiarte" para ir en busca de Dios junto a ti, más unidos que nunca.

De una ex fanática de la fiebre de cambiarlo,
Jani

4

¡AYUDA! Mi esposo parece estar deprimido

El ministerio cristiano es una vocación de crisis porque se trata de personas, y las personas siempre tienen crisis: muerte, enfermedad, accidentes, divorcio, hijos rebeldes, adicciones, conflictos, fechas límite.

Una vocación de crisis

Los hombres en el ministerio siempre están bajo fuego. Un amigo me envió una lista de las características del pastor perfecto, la que incluía estas cualidades:

- Predica exactamente veinte minutos y sigue con una invitación en la que todo el mundo se convence pero nadie se ofende.
- Puede ser pastor a los veintisiete años y tener treinta años de experiencia en la predicación.
- Invierte 25 horas a la semana en la preparación de los sermones, 20 horas en asesoramiento, 10 horas en reuniones, 5 horas para atender emergencias, 20 horas en visitas y evangelización, 6 horas en bodas y funerales, 30 horas en oración y meditación, 12 horas en redacción de cartas, 8 horas en administración y 10 horas de reflexión creativa.
- Es seminarista, pero sólo utiliza palabras de una o dos sílabas.
- Sus hijos son perfectos.
- Su madre es adinerada.
- Su esposa toca el piano.
- Le pagan demasiado y lo regala casi todo.
- Es talentoso, dotado, erudito, práctico, popular, compasivo, comprensivo, paciente, sensato, confiable, cariñoso, atento, limpio, organizado, alegre y, sobre todo, humilde.

El estrés del ministerio puede volverse adictivo porque la adrenalina que este produce es adictiva. ¿Me pregunto si tu esposo experimenta una depresión post-adrenalina el lunes por la mañana después de haber dado tanto durante toda la semana? No tenemos el tiempo, y yo no tengo la preparación, para profundizar en este aspecto del ministerio, pero permítanme decir que ya sea por el bien de tu propio hogar y el matrimonio, o para ayudar a otros, aprende a lidiar con la depresión.

Algunas estadísticas afirman que el 10% de las personas reunidas en cualquier lugar están clínicamente deprimidas (es decir, necesitan tratamiento). La depresión ha sido llamada el resfriado común de las emociones. Pero cuando estamos deprimidos, a menudo nos sentimos culpables y no reconocemos que nos sentimos mal. Tenemos temor de admitir que estamos luchando contra la depresión, por miedo a parecer espiritualmente inmaduros.

Morir estratégicamente

La depresión no es un pecado. A menudo es una emoción curativa, que nos ayuda a sobrellevar la pérdida, el estrés y las crisis. Ya sea que la depresión sea biológica, circunstancial o psicológica, no utilices una mala teología para enfrentarla. ¿Qué clase de ayuda será si le dices a una persona deprimida que su depresión es demoníaca?

La teología de Pablo sobre el ministerio se encuentra en 2 Corintios 4. Todos somos vasijas de barro (v. 7), y como tales somos muy frágiles. El versículo 10 nos dice que "llevamos siempre en el cuerpo por todas partes la muerte de Jesús". El ministerio consiste en morir a nuestros propios derechos, a nuestros deseos de prestigio o ganancia económica, a nuestra propia protección, y aprender a decir como Pablo: "Pues para mí, el vivir es Cristo y el morir es ganancia" (Fil. 1:21).

Pero seamos sabios en la manera de vivir las muertes en el servicio al Señor. Hay una diferencia entre matarse a sí mismo y ¡morir a sí mismo! "Que tu ministerio sea una muerte estratégica", oí decir a un psicólogo en una conferencia para ministros en Hilton Head, Carolina del Sur, en el año 2000. Nos animó a preguntarnos: "¿Cómo puedo obtener mayor provecho, minimizar lo que me está matando y maximizar la productividad para él?"

¿Qué te está matando a ti en estos días? ¿Qué está matando a tu esposo? ¿Qué te agota, te absorbe la vida? Elige lo mejor que puedas, las situaciones que vas a permitir que se conviertan en emergencias. Entrénate para relajarte. Elige retrasos, recorridos lentos, una fila más larga para pagar en el supermercado. No desperdicies tu adrenalina.

Tú tienes una cantidad limitada de energía emocional y psicológica. Utilízala sabiamente.

Un libro que me ha resultado muy útil en este ámbito es *Margin*, de Richard Swenson[2]. Swenson nos enseña a salir de la sobrecarga del cansancio, las prisas y la ansiedad disfrutando de los beneficios de la satisfacción, la sencillez, el equilibrio y el descanso. Si piensas que no tienes tiempo para leerlo, estás sobrecargada. Por favor, consíguelo y léelo. Luego compártelo con tu esposo. Les ayudará a los dos, así como a tu iglesia.

Recupérate mediante el descanso y las relaciones

Intenta recuperarte después de los periodos de alta exigencia. No te sientas culpable cuando tomes un tiempo libre. Tú trabajas por fe en Cristo. Entonces descansa también por la fe en Él. Tu herramienta es tu propio ser, mantenlo fuerte. ¿Qué enseñas y crees acerca del descanso sabático? Como esposa, puedes ayudar a tu esposo en esto. ¿Se toman los dos un día de descanso a la semana? La mayoría de los ministros trabajan seis días a la semana, con un tiempo extra invertido durante las vacaciones. Tal vez tu ritmo semanal esté contribuyendo a los bajones de tu esposo. La fatiga alimenta la depresión[3].

No seas una llanera solitaria en el ministerio. El aislamiento, así como la fatiga, puede contribuir a la depresión. Pídele a Dios conocer otro matrimonio que esté sirviendo en el ministerio con el que puedas hablar abiertamente. Comprométete a reunirte con regularidad: semanal, mensual o cada tres meses. Caminen juntos en la luz (1 Jn. 1:7), hablando la verdad en amor unos con otros, lo cual "cuando cada parte funciona correctamente, hace que el cuerpo crezca para edificarse en amor" (Efes. 4:16).

Si tu esposo no puede comprometerse a tener reuniones regulares en este momento, busca a otra esposa de pastor con la que puedas reunirte por tu cuenta. ¿Hay una mujer que tú

[2] Richard A. Swenson, Margen: Restauracion de las reservas emocionales, fisicas, financieras, y de tiempo en vidas sobrecargadas. Lives, rev. ed. (Colorado Springs, CO: NavPress, 2004).
[3] His Loving Law, Our Lasting Legacy: Living the Ten Commandments and Giving Them to Our Children (Wheaton, IL: Crossway, 2007)

conoces y respetas, cuyo esposo sea pastor? Si no es así, contacta a la oficina de tu denominación y pide ayuda para encontrar una. Ora por esta nueva relación y luego conéctate con esta esposa y pregúntale si puedes invitarla a una taza de café, o tal vez sugerirle que se reúnan por medio de video llamada si vive lejos de ti. Cuéntale que eres una esposa más joven en el ministerio y que te sentirías honrada si ella te diera una hora para escuchar tu historia y entrenarte en esta etapa de tu vida.

Si las cosas encajan durante esa primera reunión, vuelve a contactarla con una propuesta más detallada, algo que pueda funcionar para ambas. Tal vez te gustaría reunirte una vez al mes durante seis meses y luego reevaluar. Intenta no abrumarla. Ten una fecha de cierre en mente para que ella no piense que se está comprometiendo con una relación intensa para toda su vida. Puede que se sienta intimidada o poco calificada. Hazle saber lo que esperas: tal vez compartir y orar juntas, una oportunidad para hacer preguntas y obtener el estímulo de alguien más avanzado en el camino de un matrimonio con un pastor. Luego, siéntete libre de tomar la iniciativa. Si ella ha accedido a hablar contigo una vez al mes, envíale un mensaje de texto sencillo: "¿Estarías libre para hablar en algún momento de la próxima semana? Si es así, ¿qué te parece?". En otras palabras, hazle una oferta que no pueda rechazar. Las dos se beneficiarán enormemente.

Por último, busca la sabiduría y la comprensión de un consejero cristiano de buena reputación si tú o tu esposo se sienten en la oscuridad por un tiempo prolongado. Hay amorosos siervos de Cristo capacitados para ayudarlos a lidiar con las cargas espirituales y emocionales que llevan.

UNA CARTA A TU PASTOR

Estimado pastor,

Tienes uno de los trabajos más ricos emocionalmente, pero también más exigente del mundo. ¿Cómo te encuentras emocionalmente? ¿Experimentas una descarga de adrenalina los lunes por la mañana? ¿Dura más de un día o dos? ¿Puedes tomarte un día libre a la semana? A tu esposa le importa mucho eso.

Pregúntale cómo cree que te va. Luego deja que ella comparta su propio estado interno. ¿Cuándo es tu próximo tiempo de descanso? Si no tienes uno en tu agenda, hagan un plan juntos. Luego piensen y oren juntos sobre otra pareja en el ministerio con la que puedan desarrollar una sincera comunión.

De una adicta al trabajo en recuperación,
Jani

5

¡AYUDA! No puedo recordar sus nombres

No te preocupes. No eres la primera y no serás la última. De hecho, para entrar en este club secreto de esposas de pastores, tienes que hacer un voto de no romper nuestro *record* y ser nuestro primer miembro en recordar siempre el nombre de todos los miembros de la congregación.

Fracaso olvidado

Tú anhelas conocer a todas las personas de tu congregación. Sé que lo deseas. Después de todo, ¡no tendrían un ministerio sin ellos! Pero con diferentes personas que van y vienen cada semana, es casi imposible conocer a todos.

Así que mira a esa querida persona directamente a los ojos, sonríe y dile: “Por favor, perdóname. Estoy tratando de mejorar, pero tu nombre se me acaba de escapar.Lo siento mucho”.

Y cuando vuelva a ocurrir con esa misma persona, elabora un poco: “Por favor, perdóname. Estoy tratando de mejorar, pero no puedo recordar tu nombre, ¡otra vez! Lo siento mucho y me da vergüenza”.

¿La tercera vez? Se natural. Entra al baño de mujeres y revisa el directorio de las fotografías.

Luego vuelve a casa y perdónate.

La importancia de un nombre

Nos sonreímos unos a los otros, esto sucede mayormente, porque nos identificamos. Los nombres son importantes, sobre todo para quien los lleva.

Mi nombre legal es Jan, pero mi madre y mi abuela materna me llamaban Janny de pequeña. En la secundaria, algunos amigos tomaron el nombre y, por alguna razón, lo deletrearon Jani, y así quedó. Es un nombre algo extraño, pero mi Ray me llama Jani, así que eso lo hace música para mis oídos. La gente no siempre sabe cómo pronunciarlo, así que les ayudo diciendo: “Hola, me llamo Jani. Rima con Annie, Granny, Fanny”. Así nos reímos y nos reímos juntos.

Hay que admitirlo. Todos queremos saber el nombre de todos en nuestra iglesia. Nos preocupamos por ellos. Ellos están invirtiendo en nosotros, y nosotros estamos

invirtiendo en ellos por el bien de la eternidad. Sin embargo, a veces, especialmente si tu iglesia está creciendo, es imposible mantenerse al día con todos ellos. Aquí hay algunas cosas que he intentado. ¿Por qué no añades tus propias ideas?

- Me considero responsable de conocer los nombres del personal y de los líderes y sus familias.
- Soy una persona que aprende visualmente, así que mantengo una lista de los nombres nuevos que estoy aprendiendo.
- En las cenas de los nuevos miembros en nuestra casa, escribo etiquetas con los nombres de cada invitado y trato de revisarlas después de que se vayan.
- Me esfuerzo por aprender un nombre nuevo a la semana, tal vez el nombre de un padre a cuyos hijos enseño en la escuela dominical, o el de la persona que siempre se sienta tres filas detrás de mí y a mi izquierda.

Hay alguien que conoce todos los nombres

Hay alguien que nunca olvida un nombre. De hecho, el nombre de cada uno de sus hijos está escrito en "el libro de la vida" (véase Dan. 12:1; Fil. 4:3; Apoc. 20:15). Así que podemos regocijarnos de que sus nombres están escritos en el cielo (Lc. 10:20) y pedirle a Dios que nos ayude para aprender los nombres de aquellos con los que pasaremos la eternidad. Es importante, pero no es una olla para cocer una y otra vez. Haz lo que puedas, y luego se compasiva contigo cuando falles.

UNA CARTA A TU PASTOR

Estimado pastor,

Puede ser que tú tengas más interacciones con tu comunidad que tu esposa. Ella necesita tu estímulo. Cuando compartas con tu esposa sobre tu día, usa nombres y proporciona conexiones para ayudarla a recordar esos nombres. Sé paciente con ella. Tal vez como equipo, ambos podrían hacer un acuerdo de usar los nombres de las personas en las conversaciones con la gente de la iglesia, para ayudar a protegerse mutuamente.

De una que tiene problemas para recordar,
Jani

6

¡AYUDA! Mis hijos no son perfectos

El ministerio de tu esposo te coloca a ti y a tus queridos hijos en el centro de atención. Las presiones involuntarias, pero sutiles que sientes para criar hijos ejemplares son reales porque las familias de nuestras iglesias quieren esperanza para sus propias familias. Y si su pastor no puede hacerlo bien, ¿cómo van a hacerlo ellos?

Una ventaja gloriosa

Ahora, no hay garantía de que sólo porque los padres de un niño están en el ministerio, este llegará a su propia fe salvadora en Jesucristo. Sin embargo, qué gloriosa ventaja es crecer en una familia donde ambos padres aman y sirven al Rey del universo. Un niño criado en el hogar de una pareja piadosa dedicada de todo corazón al ministerio cristiano, conocerá a personas y tendrá experiencias únicas que formarán su carácter para los años venideros.

Ray creció como hijo de pastor, y él y sus tres hermanos mayores siguen amando al Señor con todo su corazón. Nuestros cuatro hijos se han casado y están formando sus propias familias. Y tenemos la alegría de ver a cada familia "dando fruto en toda buena obra y creciendo en el conocimiento de Dios" (Col. 1:10) mientras están "examinando qué es lo que agrada al Señor" (Efes. 5:10). ¿Por qué comparto esto contigo, querida esposa de pastor? Para darte la esperanza de que tú también puedes comenzar un legado de criar hijos que amen al Señor, que críen hijos que amen al Señor, que críen hijos que amen al Señor, hasta que Jesús regrese.

¿Cómo puedo animarte mejor? Quiero quitarte cargas, no ponerte más, porque recuerdo lo difícil que puede ser. Alguien dijo una vez que una pareja que cría niños pequeños, es como dirigir una guardería con alguien con quien solías salir. ¡Qué cierto es!

Sé que no hay nada que anheles más que ver a Cristo reinando como rey en los corazones de tus hijos. Permíteme humildemente ofrecer algunos principios que usamos mientras criábamos a nuestros hijos. Tal vez obtengas una o dos ideas que te animen a la hora de criar a los hijos de tu pastor. Estos son los principios.

Protege a los hijos de tu pastor

Todos los padres protegen de manera instantánea a sus hijos de las carreteras congestionadas, del fuego y de otros peligros en su entorno. Pero como esposa de un pastor, hay un peligro único del que necesitas proteger a tus hijos: la lengua de la gente.

En la mayoría de las iglesias, juntamente con los hijos valientes y compasivos de Dios, tú conocerás también algunas personas que caen en una de estas tres categorías: los que comparan, los que critican y los instigadores. Debes proteger a tus hijos de estos tipos de personas peligrosas.

Los que comparan recuerdan los días pasados de tu iglesia y te hacen saber que tú y tus hijos no están a la altura de la familia del pastor anterior. "El hijo del pastor Smith podía sentarse durante todo el servicio sin moverse. Todos los domingos. ¡No sé cómo consiguieron que el pequeño Johnny lo hiciera! ¿Quiere que le dé la información de contacto del pastor Smith?" Protege a tu hijo de las comparaciones. Hazle saber que a quien quieres que imite más que a cualquier persona de la tierra es a Jesucristo. Deja que tu hijo te escuche responder claramente a la pregunta: "¿Qué es más importante para tu padre y para mí? ¿Un niño que puede sentarse quieto en la iglesia (o cumplir cualquier otra expectativa humana irrazonable), o un niño cuyo corazón está entregado a Cristo?"

Los críticos siempre tienen opiniones sobre todo, opiniones que se sienten obligados a decirte, a veces delante de tus hijos. Ayuda a tu hijo a ver que cualquier opinión debe ser respetuosamente escuchada y luego evaluada con base en las Escrituras. Muéstrales esto cuando tú o tu esposo sean criticados. Indica a tus hijos cómo puedes preguntarte: "¿Le agradaría a Dios (Efes. 5:10) que me tomara en serio esta crítica, que me arrepintiera y cambiara? ¿O es la crítica sólo una oportunidad para que este personal ventile su juicio personal sobre un sermón predicado o una decisión tomada con la que no está de acuerdo?" Protege a tu hijo de las críticas al enseñarle cómo lidiar con estas de una manera semejante a Cristo. Modela cómo escuchar respetuosamente, presentarlo a Jesús y luego decidir cómo responder.

Los instigadores son esas pocas personas que no comprenden cómo establecer relaciones seguras y apacibles con otros. Por la razón que sea —ya sea el origen o la crianza, las dificultades psicológicas o emocionales, las aflicciones físicas o espirituales— son personas que no siempre tienen sentido para tu hijo. Pueden ser personas sinceras, creyentes en la Biblia y amantes de Jesús que realmente no procesan la realidad de una manera normal y razonable. Tu hijo necesitará que lo defiendas. Tu familia lleva una vida muy pública, lo que puede parecer una invitación a que algunas personas se acerquen demasiado a tu hijo. No lo permitas. Protege a tu hijo de cualquier personaje de tu congregación estando atenta para validar la desconfianza natural de tu hijo —o incluso el temor— hacia algunos adultos. Enséñale que, aunque debe ser cortés, no tiene por qué relacionarse con un adulto que le hace sentir incómodo. Él puede excusarse cortésmente y venir a buscarte.

Es tu privilegio proteger a tu hijo de los quejumbrosos, los criticones y los instigadores de tu iglesia. Tu esposo, en la mayoría de los casos, estará demasiado preocupado para ayudarte. Tú puedes proteger a tu hijo haciéndole saber, tanto con tus palabras como con tus acciones, que él siempre está por encima de los miembros de la iglesia para ti. Enséñele a pasar por alto —e incluso a ignorar— las presiones que sentirá para actuar de determinada manera por ser el hijo del pastor. Habla con tu hijo sobre Eclesiastés 7:21: "Tampoco tomes en serio todas las palabras que se hablan". Ayúdele a ver que su relación con Jesús debe regir su comportamiento más que su relación con cualquier miembro de la iglesia.

No te preocupes si tus hijos no son perfectos, sólo procura protegerlos de aquellos que desearían que lo fueran.

Persuade a los hijos de tu pastor

En primer lugar, convence a tus hijos que son más importantes para ti y para su padre que cualquier miembro de la iglesia. Convéncelos mediante tus palabras y acciones una y otra vez.

Diles, demuéstrales y vuelve a mostrarles que siempre estarán por encima de los miembros de la iglesia. Hazles comprender su posición primordial en tu corazón, en tu hogar y en la historia de tu vida. Después de todo, ¿a quién le interesa que tanto tu esposo como tú desarrollen un ministerio asombroso, pero que pierdan a su familia en el proceso? Haz que tu meta sea persuadir a tus hijos de tu amor desbordante hacia ellos. Así será más fácil que cada uno de tus hijos acepten el amor personal y paternal de Dios por ellos a medida que crecen (Sal. 103:13).

El padre de Ray era un pastor muy conocido en Pasadena, California, donde se mudaron cuando Ray tenía diez años. El papá pastoreaba una iglesia grande y soportó muchas presiones mientras cuidaba de su numeroso personal y de su creciente congregación. Pero mi esposo Ray nunca dudó del amor de su padre por él. Papá se aseguraba de estar presente en los partidos de fútbol de Ray, ¡incluso asistía a muchos de sus entrenamientos!

Una de las maneras favoritas de papá para persuadir a Ray de su amor era sacarlo de la escuela un lunes de vez en cuando (papá se tomaba los lunes libres cada semana), para que pudieran ir a hacer un poco de buceo juntos. Era una ausencia injustificada, pero a papá no le importaba, incluso cuando las autoridades escolares levantaban las cejas. La relación con su hijo era más importante. Tampoco parecía perjudicar el éxito escolar de Ray. Estoy casada con un hombre que obtuvo dos maestrías y un doctorado.

Asimismo, debes *persuadir a tus hijos para que sigan a Cristo con un corazón sincero y abierto.* ¿Cómo te ven vivir tu vida en el día a día, en los detalles de la edificacion de un hogar que se deleita en Cristo? ¿Hay alegría en tu hogar? ¿Hay risas? ¿A tus hijos les gusta estar en casa? ¿Cuál es el ambiente primordial emocional en tu hogar? ¿Es la ira? ¿Tensión? ¿O hay una paz y alegría como la de Cristo?

Parte de la persuasión es la enseñanza y el entrenamiento. Al expresar a tus hijos por qué requieres obediencia y respeto, deja que tus hijos vivan con una madre que obedece a Dios con alegría y rapidez. ¿Te ven alimentarte con entusiasmo de la Palabra de Dios, mientras les enseñas que deben guardarla en sus tiernos corazones? Cuando les enseñas a dar parte de su paga a la obra de Dios, ¿comprenden que tú das de tu salario alegremente y con regularidad a la obra de Dios? ¿Aprenden que Dios responde a la oración a través de los tiempos de oración que tienen contigo?

Persuade a tus hijos dándoles ejemplos bíblicos de otros niños que siguieron al Señor desde una edad muy joven, como Joás en 2 Reyes 11-12 o Josías en 2 Reyes 22. Enséñeles que si un niño aprende a seguir a Cristo desde muy joven, le será más fácil "que anden como es digno del Señor, haciendo en todo, lo que le agrada" (Col. 1:10) a medida que van creciendo (Prov. 22:6).

Persuade a tus hijos que seguir a Cristo es realmente la mejor manera de vivir. Habla mucho de las alegrías de conocerle hoy y las futuras alegrías que les esperan a todos los que le aman. Preséntales en persona o a través de biografías a cristianos que viven entregados por completo a Jesucristo. Hazles ver las ventajas de una vida entregada plenamente a Dios. Comparte con tus hijos "a la generación venidera las alabanzas del Señor, Su poder y las maravillas que hizo.... para que ellos pusieran su confianza en Dios" (Sal. 78:4, 7). Permite que experimenten lo maravilloso de un Dios que responde a la oración y se involucra personalmente en los asuntos de sus hijos.

Por último, persuade a tus hijos de que el ministerio es un privilegio glorioso. Deja que oigan de tu propia boca lo orgullosa que estás de su padre por su arduo trabajo y su apasionado servicio a Cristo. Cuando tu esposo y tú sufren en el ministerio, tus hijos se ven profundamente afectados, así que deja que vean tu firme decisión de identificarte con tu Salvador que sufrió, como alguien digno de seguir sin importar lo que pase. Durante los tiempos difíciles persuade a tus hijos de que en Cristo, nuestra realidad actual no es nunca nuestra realidad permanente. Asegúrales que Dios ve, conoce, sabe, se preocupa y no es deudor de nadie (Hebreos 6:10). Él es real y lo vale todo. En él se puede confiar tanto en los buenos como en los malos momentos, a los que seguramente se enfrentarán también en su futuro.

Elogia a los hijos de tu pastor

¿Qué? ¿Has leído bien?

¡Sí! Elogia a tus hijos. Házles saber el tesoro que son para ti y las bendiciones que van a ser para su generación y las que vienen después.

Afirma lo bueno que ves en ellos. Premia el comportamiento positivo. ¿Qué pasaría si nunca te elogiaran por nada de lo que haces? ¿Qué pasaría si tu esposo nunca notara la deliciosa cena que te esforzaste en planear y preparar? ¿Qué pasaría si las mujeres que estudian la Biblia nunca te hicieran saber que tus esfuerzos son apreciados?

En nuestro hogar tenemos el hábito de elogiar lo bonito, lo bueno y lo verdadero que vemos en nuestros hijos. Tú también puedes elogiar a tus hijos. Ante ellos. Delante de sus abuelos. Ante su padre. Delante de los miembros de la iglesia. Hazles saber lo que crees que es especial en cada uno. Agradéceles cuando lo merezcan. En ocasiones, una pequeña recompensa con ese elogio reforzará ese buen comportamiento aún más a fondo.

Permíteme cerrar este capítulo asegurándote que es perfecto que tus hijos no sean perfectos. Lo que tu rebaño realmente necesita ver es una familia sirviendo a Dios con devoción de todo corazón mientras maneja las realidades de padres pecadores criando hijos pecadores en este mundo quebrantado y confuso. Tu autenticidad y vulnerabilidad serán una herramienta más fructífera para Cristo que cualquier niño que se comporte a la perfección. No tengas miedo de las presiones. Absórbelas en el nombre de Cristo. Él ama a tus hijos incluso más que tú.

UNA CARTA A TU PASTOR

Estimado pastor,

Tus hijos son más valiosos para ti, de los que es tu ministerio. Pregúntale a tu esposa cómo cree que le va a cada uno de tus hijos. La conversación podría incluir:

- ¿Se sienten tus hijos protegidos de las críticas inevitables de los miembros de la iglesia?
- ¿Cómo va cada hijo en su avance de reclamar a Cristo como su propio Salvador y Rey?
- ¿El hogar que estás edificando está lleno de estímulo y diversión, así como de orden y disciplina?
- ¿Con qué frecuencia tus hijos te escuchan decir que estás orgulloso de ellos y que te deleitas en ellos?
- ¿Por qué no se arrodillan juntos y oran por sus hijos?

Todo esto valdrá la pena,
Jani

7

¡AYUDA! Mi pastor no me entiende

Nadie tiene la intención de formar un matrimonio mediocre y, sin embargo, mira a tu alrededor. Vivimos en una época de matrimonios empobrecidos: debilitados en su propósito, despreciando los deberes bíblicos de fidelidad constante y privados de un verdadero romance para toda la vida.

Un misterio complejo

¿Qué es lo que más deseas de tu matrimonio? ¿Qué es lo que lo convertiría en algo profundamente gratificante para ti y para tu esposo?

Para conseguirlo, tienes que asumir de corazón este compromiso de por vida y enseñarle a tu esposo cómo amarte de manera significativa. ¿Por qué? Porque él es un hombre y tú una mujer. Esa combinación es un misterio complejo, lleno de asombro y desconcierto.

No te sientas herida si tu esposo aún no sabe cómo amarte de una manera que sea significativa para ti. No te sientas mal si todavía él no puede entender quién eres realmente como mujer. Sé su maestra en maneras amables y coquetas, y luego agradece que esté aprendiendo cómo amar a una mujer: ¡a ti!

Ayúdale para que pueda amarte emocionalmente

Imagínate esta situación: "Queridos hermanos, estamos aquí reunidos ante Dios y estos testigos para unir a este hombre y a esta mujer en sagrado matrimonio y para ver cuánto dolor pueden causarse mutuamente y a sus familias en los próximos años".

Sonreímos mientras leemos esto, y sin embargo, ¿quién no ha sido tocado por el dolor matrimonial, ya sea en nuestro propio matrimonio o en el de alguien que apreciamos en nuestro corazón? El matrimonio entre un pastor y su esposa no está exento del dolor, ya que todos enfrentamos luchas de este lado del cielo.

Cuando estoy pasando por un momento difícil, mi tendencia es alejarme de Ray. "¿Hay algo que te preocupa?" pregunta Ray cuando le doy el trato silencioso.

"¡No!" le digo porque todavía no estoy preparada para hablar de ello.

"¿De verdad? ¿Estás segura?", vuelve a intentar con delicadeza sacarme alguna información.

"¡Sí, estoy bien!" Y yo le digo: "Estoy disgustada y me siento culpable por estar disgustada, y ya hemos hablado de esto antes y no ha funcionado, y no quiero volver a sacar el tema, ¡y tengo miedo de tener que vivir toda mi vida con este asunto sin resolver! Por eso es más fácil aislarse en el miedo y la derrota. Pero, por favor, no dejes que me quede aquí demasiado tiempo. Necesito tu ayuda. Realmente no estoy bien".

El Dr. John Gottman dice que hay tres maneras de relacionarse con otra persona:

1. Estar a favor: esto es positivo, cortés, amable.
2. Estar en contra: esto es malicioso, argumentativo, sarcástico.
3. Apartarse: ignoramos o actuamos como si estuviéramos preocupados.[4]

Para un mayor nivel de intimidad emocional y comprensión, necesitamos desarrollar el hábito de dirigirnos a nuestro esposo. Creo que la razón por la que estamos en contra o nos alejamos de nuestro esposo no es que no queramos consuelo. Es que no queremos el tipo de consuelo que se nos ha ofrecido en el pasado.

Por lo general, Ray ha intentado consolarme con palabras. Si él puede entender por qué esto ha pasado , entonces todo estará bien. A menudo intenta resolverlo de forma lógica para que no vuelva a ocurrir. Yo, sin embargo, necesito más a menudo gestos: abrazos, flores, ayuda con los niños o en la casa. He tenido que pensar y luego tratar de enseñarle a Ray la mejor manera de consolarme. ¿Qué puede ayudar? ¿Qué puede obstaculizar? A lo largo de los años, ha sido profundamente gratificante, ya que hemos aprendido las mejores maneras de estar a favor el uno con el otro.

Ray y yo disfrutamos viendo esas viejas películas románticas en blanco y negro. Ella siempre tiene las palabras justas para

[4] John Gottman and Joan DeClaire, The Relationship Cure: A Five-Step Guide to Strengthening Your Marriage, Family, and Friendships (New York: Crown, 2001), 16–18.

decir, y él siempre sabe exactamente qué hacer. Bueno, ella tiene un guión que le da las palabras que debe decir, y él tiene un director que le dice lo que debe hacer. Así que, querida esposa, únete a mí para convertirte amablemente en el director de tu esposo.

Permítanme ilustrar una escena en la casa de los Ortlund, cuando llevábamos ocho años de matrimonio. Teníamos cuatro hijos, y los tres primeros llegaron en menos de tres años. Ray trabajaba a tiempo completo en una gran iglesia de California, además de enseñar griego dos tardes a la semana, mientras trabajaba en una segunda maestría en la Universidad de California en Berkeley. Todavía no sé cómo tuvimos tiempo para hacer tres bebés. Me esforzaba por mantener la cabeza fuera del agua con mis responsabilidades como esposa de pastor y madre.

Después de la cena, cuando Ray estaba en casa, me ayudaba a bañar a los niños y a leerles, y luego los acostábamos en sus cunas o en la cama de la pequeña habitación que compartían los tres. Suena muy bien, ¿verdad? Pero no era suficiente para Jani. Después de que los niños se acostaran, yo iba a limpiar la cocina mientras Ray se sentaba a leer. De alguna manera, mi pecaminoso corazón envidiaba que él se diera el lujo de sentarse mientras yo aún tenía trabajo que terminar. Así que golpeaba los platos, esperando que él entendiera la indirecta. No lo captaba. Finalmente, una noche, mientras golpeaba las ollas y sartenes tan fuerte como podía, comencé a llorar, y él salió a ver qué pasaba. Le dije entre lágrimas lo celosa que estaba de su libertad para sentarse y leer en paz, a la vez le reconocí que me sentía culpable por eso. "Cariño", dijo, "¿por qué no me pediste que te ayudara? No tenía ni idea. Quiero bendecirte y amarte bien". De alguna manera quería que él descubriera mis necesidades sin que yo se lo dijera. Parecía menos romántico si tenía que pedir ayuda. Qué ingenua, qué ignorante.

Pero ¿qué matrimonio joven, especialmente si hay personas pequeñas que demandan tu atención constante, no necesita algo de entrenamiento? No tengas miedo de enseñar con ternura a tu esposo cómo amarte. ¿Dónde más puede aprender este tipo de estrategias?

Si no lo haces

Si no le enseñas cómo amarte emocionalmente, habrá al menos dos resultados negativos:

1. Probablemente nunca aprenderá, y entonces recurrirás a otras fuentes de consuelo: tu madre, los amigos, la comida, las novelas y películas fantasiosas, internet, etc.
2. Tu hijo nunca podrá observar de cerca cómo un hombre puede consolar a su esposa, y tu hija nunca aprenderá a comunicar sus necesidades de forma clara al hombre de sus sueños.

Enséñele a tu esposo a volverse hacia ti. Volverse hacia alguien significa: "Te escucho, me intereso por ti, te entiendo, estoy de tu lado, me gustaría ayudarte". No está mal que lo pidas. David pidió a Dios que se volviera hacia él: "Vuélvete a mí y tenme piedad, Porque estoy solitario y afligido" (Sal. 25:16).

Intenta utilizar palabras antes que las lágrimas comiencen a fluir. "Me siento valorada cuando me ayudas a lavar los platos después de haber invitado a cenar a unos amigos". "Me siento escuchada cuando te acuerdas de pasar a recoger la leche que te pedí por correo electrónico". Agradécele. Recompénsalo.

Estás edificando una relación sólida y duradera con la que podrás bendecir a tus hijos y a tu iglesia. No ataques ni te alejes. Los hombres y las mujeres tienen preferencias distintas en cuanto al sexo, las responsabilidades, la aventura y la amistad. Deja que tus diferencias sean una fuente de optimismo e interés en lugar de resentimiento y amargura. Elige celebrar tus diferencias, en lugar de lamentarse. Acepta tanto tu feminidad como su masculinidad.

No seamos maltratadoras de los hombres. Evita la dureza del corazón. Jesús dijo en Marcos 10:4-5 que Moisés permitió el divorcio por la dureza de nuestro corazón. Oremos por un corazón tierno. Nuestro bondadoso Rey nunca ha dejado de responder a esta oración mía: "Señor, hoy no tengo sentimientos amorosos para con mi esposo. Ablanda mi corazón hacia él. Aumenta mi amor por él. Por favor, ayúdame a ser un canal de tu favor sobre él".

Adopta un enfoque a largo plazo

Ayuda a tu esposo para que sepa cómo atender tus necesidades emocionales. Adopta un enfoque a largo plazo. No te rindas tan rápido. Perdonar a tu esposo cuando no te comprenda significa darle la libertad de ser ese ser humano imperfecto que todos somos.

Y esas necesidades que no puede satisfacer, o que no quiere satisfacer, o que simplemente se olvida de satisfacer, llévalas a tu Esposo celestial. Entrégate a Dios como lo hizo Cristo. "y anden en amor, así como también Cristo les amó y se dio así mismo por nosotros, ofrenda y sacrificio a Dios, como fragante aroma" (Efes. 5:2). Entrega esas necesidades insatisfechas como una ofrenda fragante al Dios que permite que algunas necesidades terrenales queden insatisfechas por razones que escapan a nuestra comprensión. Confía en el creador del matrimonio, el que los unió a ti y a tu esposo, con esas partes confusas e incluso dolorosas de tu matrimonio, recordando que "Él recompensa a quienes lo buscan" (Heb. 11:6).

UNA CARTA A TU PASTOR

Estimado pastor,

Tu esposa tiene necesidades emocionales que pueden hacerla sentir avergonzada o incluso incapaz de comunicarlas. Ella necesita tu paciencia. Demuéstrale tu deseo de vivir con ella de forma comprensiva utilizando palabras como: "Te escucho. Me interesas. Eres un misterio encantador que quiero pasar mi vida comprendiendo y disfrutando". Y luego invitala a que te ayude a realizar un buen trabajo c*omo detective.*

Porque tienes un misterio que vale la pena explorar,
Jani

8

¡AYUDA! No los veo desde hace tiempo

No es una experiencia única, pero aún así duele.[5] Todo comienza con una pregunta sencilla de parte de tu esposo el domingo por la tarde:

> "¿Has visto a Bill y Betty últimamente?"
> "No, hace tiempo que no los veo, ¿y tú?".

[5] "I Haven't Seen Them for a While," Revive Our Hearts website, January 11, 2016, https://www.reviveourhearts.com/leaders/blog/i-havent-seen-them-while/

Ambos se dan cuenta de que han estado EDA ("extraviados de la adoración") los últimos domingos. Durante un café la semana siguiente, te dicen que han decidido visitar una iglesia diferente.

¿Qué sucedió?

¿Qué? ¿De dónde viene eso? ¿Por qué? ¿Cómo? Examinas tu conciencia y tu calendario tratando de entender lo que pasó. Se trataba de una pareja a la que le tenías mucho aprecio. Compartieron muchas comidas alrededor de tu mesa. Organizaste un *baby shower* para su pequeño. Te reuniste con ellos cuando estaban sufriendo y te sentaste en la sala de espera cuando él fue operado. Prometiste orar cuando tuvieran una necesidad, y lo hiciste. Les llevaste comida cuando estaban enfermos. Disfrutaste dándoles regalos de Navidad y de cumpleaños y, a veces, incluso compartiste las vacaciones con ellos.

Construiste puentes para ellos en tu congregación y les ofreciste formas significativas de servir a Cristo entre los miembros. Y te imaginabas una amistad afectuosa que se extendería en el futuro.

Luego se fueron sin apenas despedirse. Tú sientes la pérdida y el rechazo. También sientes la culpa de haberles fallado de alguna manera, y quizás incluso al Señor Jesús. La tristeza se apodera de ti cuando piensas en ellos. Los ves de lejos en las redes sociales y te preguntas cómo estarán. Llega el día de su cumpleaños: ¿Debes enviarle una tarjeta? Incluso empiezas a preguntarte si tienes el valor de seguir abriendo tu casa y tu corazón a los demás.

¿Te ha pasado esto alguna vez? Si aún no, te pasará. ¿Cómo podemos, como esposas de pastores, seguir sirviendo con gozo a las personas que Dios nos trae a pesar de todos los golpes y moretones en el camino?

Escucha a Jesús

En primer lugar, escucha a Jesús en lugar de murmurar para ti misma. No desperdicies tu energía espiritual y emocional, que es limitada para empezar, discutiendo dentro de tu propia cabeza. Deja que Jesús te hable al corazón. ¿Te está hablando con palabras de convicción? ¿Hay maneras en las que Él quiere que cambies? Si es así, entonces por su gracia hazlo. Inmediatamente.

Pero si no es así, —si al escudriñar la Biblia, no escuchas sus palabras llenas de convicción personal y sagrada mientras intentas explicar esta pérdida— entonces pídele que te ayude a presentar a estos amigos como una ofrenda, un sacrificio de servicio a tu Salvador, para hacer lo que Él considere mejor.

Por tanto, ofrezcamos continuamente mediante Él, sacrificio de alabanza a Dios, es decir, el fruto de labios que confiesan Su nombre. Y no os olvidéis de hacer el bien y de la ayuda mutua, porque de tales sacrificios se agrada Dios (Heb. 13:15-16).

Mira a Jesús

Fija tus ojos en Jesús. Imítalo. Él vino a servir, no a ser servido. Su vida fue una ofrenda a Su Padre para que hiciera Su voluntad. Jesús dio todo de sí mismo, sabiendo incluso antes de ofrecer Su propia vida que habría dolor, pérdida y rechazo en la ofrenda. Y nos llama a seguirle. "Así también vosotros, cuando hayáis hecho todo lo que se os ha ordenado, digan: "Siervos inútiles somos; hemos hecho solo lo que debíamos haber hecho" (Lc. 17:10).

Él lo entiende. Mira a Jesús. Él es capaz de compadecerse de nuestras debilidades. Al acercarnos al trono de la gracia, «para que recibamos misericordia, y hallemos gracia para la ayuda oportuna» (Heb. 4:16).

Vive por Jesús

Deja que tu vida sea un sacrificio para nuestro Rey. Él es digno de todo esfuerzo. Él no es deudor de nadie. Sirves a quien "no es injusto como para olvidarse de vuestra obra y del amor que habéis mostrado hacia Su nombre, habiendo servido, y sirviendo aún, a los santos" (Heb. 6:10).

El tiempo que inviertes, Él lo ve. El dinero que gastas, Él lo valora. El amor que ofreces, Él lo cuenta como amor ofrecido a Él. Animémonos mutuamente a ministrar con las manos abiertas: manos abiertas que acogen con amor a las personas, manos abiertas que sirven con generosidad y manos abiertas que liberan sin amargura. Todo ministerio es una ofrenda de manos abiertas a Él, y "sabiendo que su trabajo en el Señor no es en vano" (1 Cor. 15:58).

UNA CARTA PARA TU PASTOR

Estimado pastor,

Es probable que tu iglesia haya experimentado la pérdida de una maravillosa familia sin motivo alguno. Es posible que tu esposa sienta su partida de la congregación aún más intensamente que tú. Es posible que luche contra el dolor o la soledad, o incluso un sentimiento de culpa innecesario por la partida de ellos.

Pídele que comparta contigo cómo se encuentra. Habla sobre cómo pueden procesar estas pérdidas de una manera bíblica y saludable. Tu comprensión puede hacer mucho para sanar esa herida en el corazón de ella.

En las trincheras contigo,
Jani

9

¡AYUDA! Necesito más de Dios

Algunas personas esperan que la esposa del pastor tenga la relación ideal y perfecta con Dios. Después de todo, ella vive con el pastor, duerme con él, tiene fácil acceso a la ayuda para cualquier pregunta o problema que surja, ¿verdad?

Ah, ¡eso sí que me da risa! Todos sabemos que el horario del pastor, su nivel de energía y sus propias necesidades personales impiden que la esposa del pastor dependa únicamente de su esposo para alimentarla espiritualmente.

¿Qué debemos hacer nosotras —las mujeres casadas con hombres que ejercen el ministerio— para mantenernos espiritualmente radiantes? ¿Cómo puede el amor redentor de Dios llenar nuestros corazones de tal manera que empecemos a vivir fuera de nuestras propias necesidades, entregándonos con gozo a Sus propósitos eternos en nuestro matrimonio y familia, nuestra iglesia y comunidad?

Alimentando tu alma

Una manera —creo que la más importante— es pasar tiempo diariamente con nuestro Redentor. Encontrarse regularmente con Jesús es necesario si queremos disfrutar y mantener una salud espiritual vibrante. Así como el alimento físico alimenta nuestro cuerpo, la Biblia es el alimento de nuestra alma.

Necesitamos tiempo cada día en la Palabra; de lo contrario, nuestras almas se estancarán y se instalarán en una subsistencia desnutrida que lentamente empieza a sentirse normal. Si no alimentamos nuestros corazones y mentes con el alimento eterno y celestial, nuestras almas se marchitan por falta de alimento.

Piensa en cómo alimentamos nuestros cuerpos y nuestras mentes. Piensa en el tiempo que has dedicado esta semana a comprar y preparar la comida, a comer y a limpiar, a trabajar, al aseo del hogar y a cuidar de los niños, a leer y a navegar por Internet, a hacer ejercicio, a ver la televisión y a jugar con tu teléfono. Ahora compara eso con el tiempo que pasas en compañía de Dios a través de la oración y el estudio de la Biblia, la meditación y la memorización. No es fácil, ¿verdad? Hay tantas cosas que debemos hacer en esta vida, además de todo lo que queremos hacer.

No obstante, para poder apoyar a nuestro esposo de manera significativa, necesitamos ser sostenidas nosotras mismas con un apoyo celestial todopoderoso. Necesitamos un refrigerio y un estímulo a diario del cual podamos nutrirnos mientras buscamos amar bien a nuestro pastor. La mejor y más satisfactoria manera de obtener ese refrigerio es profundizar en la Palabra de Dios, en su estudio y meditación, y pasar tiempo regular en oración. Se sacian de la abundancia de tu casa, Y les das a beber del río de Tus delicias (Sal. 36:8).

¿Qué cosas son preciosas para ti? ¿Es precioso para ti el amor de Dios? ¿Puedes decir con David: «¡¡Cuán preciosa es, oh Dios, Tu misericordia!» (Sal. 36:7)? Quizá te sientas lejos del amor de Dios estos días. Pídele que vuelva a encender y aumente tu amor por Él mientras lees este capítulo. «¿No volverás a darnos vida para que Tu pueblo se regocije en Ti?" (Sal. 85:6).

David nos dice que el amor de Dios es permanente. ¿Qué significa esto? Significa que el precioso amor de Dios es constante y estable. Se puede confiar en Él. Es infalible. Su amor nunca flaquea. Él fija su amor en nosotros con una intención clara e inmutable.

Podemos contar con el amor de Dios. El amor humano es muy frágil, como muchos de nosotros sabemos por experiencia personal. Algunos de nosotros hemos sido profundamente heridos por personas a las que creíamos poder amar y confiar que al final nos han sido infieles. Pero el amor de Dios *nunca* vacilará ni se desvanecerá.

> Porque el Señor es bueno; para siempre es Su misericordia,
> Y Su fidelidad por todas las generaciones (Sal. 100:5).

> Que las misericordias del Señor jamás terminan, pues nunca fallan Sus bondades; son nuevas cada mañana; ¡Grande es Tu fidelidad! (Lam. 3:22-23).

> Vuelvan ahora al Señor su Dios, porque Él es compasivo y clemente, lento para la ira, abundante en misericordia (J. 2:13).

¿En qué abundas tú? ¿En quejas? ¿En cansancio? ¿En miedos? ¿En tareas domésticas? ¿En las cuentas por pagar?

Acurrúcate cerca de Su corazón

La vida puede causar miedo. El ministerio puede dar miedo. Pero hay un lugar donde aquellos que conocen a Dios a través de Cristo pueden encontrar refugio y alivio de todo con lo que este mundo les ataque, un lugar donde el precioso y firme amor de Dios es abundante.

¿Dónde está ese lugar? David lo describe como a la sombra de las alas de Dios:

> ¡Cuán preciosa es, oh Dios, tu misericordia! Por eso los hijos de los hombres se refugian a la sombra de tus alas (Sal. 36:7).

Estar a la sombra de las alas de alguien significa estar cerca; alude a que se acurrucan cerca del corazón. Hay un santuario que Dios abre a quien se atreve a acercarse a Él. Extiende Sus alas y nos invita para que nos acerquemos a Su corazón. Es allí donde Dios te ofrece un amor que nunca te dejará ir. Él asegura un amor eterno dentro de tu alma, y nada puede separarte de Su abrazo amoroso. En el Nuevo Testamento, Pablo lo expresa de esta manera: "¿Quién nos separará del amor de Cristo? ¿Tribulación, o angustia, o persecución, o hambre, o desnudez, o peligro, o espada? Tal como está escrito: Por causa tuya somos puestos a muerte todo el día; somos considerados como ovejas para el matadero. Pero en todas estas cosas somos más que vencedores por medio de aquel que nos amó. Porque estoy convencido de que ni la muerte, ni la vida, ni ángeles, ni principados, ni lo presente, ni lo por venir, ni los poderes, ni lo alto, ni lo profundo, ni ninguna otra cosa creada nos podrá separar del amor de Dios que es en Cristo Jesús Señor nuestro" (Rom. 8:35-39).

Es como si Pablo dijera: "Imagina el peor escenario posible. ¿Tú crees que el amor de Dios puede seguir siendo creíble incluso en ese caso?". Querida hermana, nada puede separarte del amor de Dios por medio de Cristo Jesús. Ni los problemas en la iglesia, ni tus fracasos, ni los de tu esposo, ni tus pecados ni los de otra persona contra ti, ni siquiera tu espíritu indiferente o seco. Nada podrá separarte de Su amor. Esa es Su promesa, y nosotros servimos al Dios que siempre cumple Sus promesas.

El romance más satisfactorio de todos

Lo que Dios quiere que veamos a través de Su santa Palabra para nosotros es que nuestra vida es una historia de amor. Nuestros sufrimientos y nuestras faltas no nos definen; el precioso y constante amor de Dios, sí. Nuestra redención es la historia de amor más hermosa que se haya narrado hasta la fecha. Disfrútala. Vive tu vida desde una plenitud interna. No vivas desde fuera hacia dentro, vive desde el interior hacia el exterior. Empieza siempre con Dios y Su plenitud. Eres amado con un amor tan inmenso que te llevará toda la eternidad experimentarlo.

Dios creó el corazón humano. Creó tu corazón para la adoración, la cual es más que ir a la iglesia o cantar himnos u orar. Adorar significa entregar tu corazón a algo. ¿Darás tu corazón en un abandono más profundo a Dios, incluso hoy mientras lees?

Estás comprometida con Cristo en este momento. Tu muerte terrenal será tu día de bodas. Él te está cortejando ahora, ganando tu corazón a través de Su precioso y constante amor. Sigue respondiendo a Él en estos días de cortejo mientras esperas esa gloriosa boda celestial. Abre tu corazón de nuevo a Cristo ahora mismo. Él te conoce mejor y te ama más. Deja que el precioso y constante amor de Dios inunde tu vida con una profunda belleza y un nuevo resplandor espiritual.

A menudo nos acercamos a Dios pensando que estamos haciendo un pacto con Él. Eso es parte de ello, pero tu salvación es mucho más grande que eso. En el seno de la Trinidad, Dios tomó una decisión con Cristo sobre ti, sobre mí. Cristo lo efectuó en la cruz, y el Espíritu Santo lo selló con Su propia presencia en tu corazón. Por lo tanto, disfruta de tu redención. Haz que tu relación con tu Padre celestial sea la más importante de toda tu vida.

Demuéstralo con tu agenda, tu cuenta bancaria, tus conversaciones y tus relaciones. Refresca y renueva tu compromiso con Jesucristo. Deléitate con la abundancia de Su casa y deja que te dé de beber de su río de delicias mientras te refugias a la sombra de Sus alas.

Tú eres tus hábitos

Sé que es difícil establecer esta costumbre diaria, pero no te prives de ella por más tiempo. ¡Tú eres tus hábitos! Así que desarrollemos el glorioso y bendito hábito de pasar tiempo con Dios cada día.

Todo ser humano tiene veinticuatro horas cada día para hacer las cosas. Quiero animarte a ello. Cuando comencé a reunirme diariamente con el Señor, seguía esperando que fuera más fácil. Cuando era estudiante, pensé que sería más fácil cuando consiguiera un trabajo regular con un horario fijo. Cuando empecé a enseñar en la escuela, pensé que sería más fácil cuando pudiera quedarme en casa y desarrollar mi propio horario. Y cuando estaba en casa con mis bebés, sabía que sería más fácil cuando empezaran a dormir toda la noche. A medida que crecían, pensaba en los años en que estaría libre de todas las responsabilidades de criar a los niños. Tú entiendes lo que quiero decir: seguía esperando, deseando. Ahora finalmente me doy cuenta de que a pesar de que los encuentros diarios con el Señor no han sido necesariamente más fáciles, ¡han ido mejorando! Cada año hemos pasado un dulce tiempo juntos, y Él me ha ayudado a incrementar mi conocimiento de Él y Sus caminos. Este santo hábito es uno que no quiero cambiar nunca.

En verdad, no hay un gran secreto para desarrollar este hábito. Hay una historia de un presidente del seminario que era conocido por levantarse muy temprano cada mañana para encontrarse con Dios. Un estudiante fue animado por otros a preguntarle al presidente si estaría dispuesto a compartir su secreto sobre cómo se levantaba tan temprano. Imagínese la sorpresa del estudiante cuando el presidente le dijo: "¿Secreto? Por supuesto que lo compartiré contigo. Pongo el despertador *y luego me levanto*".

¡Tenemos que construir hoy para el mañana! Esa es la única manera como la sabiduría, la ayuda y la orientación estarán ahí cuando las necesitemos. Necesitamos planear para el momento actual, además, debemos ser lo suficientemente fuertes y valientes para luchar por él, para alcanzarlo, para hacerlo realidad. No desarrolles tu tiempo con Cristo alrededor de tu horario; desarrolla tu horario alrededor de tu tiempo con Cristo. Jesús nos mostró el camino:

> Entraron en Capernaúm; y enseguida, en el día de reposo entrando Jesús en la sinagoga comenzó a enseñar. Y se admiraban de Su enseñanza; porque les enseñaba como quien tiene autoridad, y no como los escribas. Y he aquí estaba en la sinagoga de ellos un hombre con un espíritu inmundo, el cual comenzó a gritar, diciendo: ¿Qué tenemos que ver contigo, Jesús de Nazaret? ¿Has venido a destruirnos? Yo sé quién eres: el Santo de Dios. Jesús lo reprendió, diciendo: ¡Cállate, y sal de él! Entonces el espíritu inmundo, causándole convulsiones, gritó a gran voz y salió de él. Y todos se asombraron de tal manera que discutían entre sí, diciendo: ¿Qué es esto? ¡Una enseñanza nueva con autoridad! Él manda aun a los espíritus inmundos y le obedecen. Y enseguida su fama se extendió por todas partes, por toda la región alrededor de Galilea. Inmediatamente después de haber salido de la sinagoga, fueron a casa de Simón y Andrés, con Jacobo y Juan. Y la suegra de Simón yacía enferma con fiebre; y enseguida le hablaron de ella. Jesús se le acercó, y tomándola de la mano la levantó, y la fiebre la dejó; y ella les servía. A la

> caída de la tarde, después de la puesta del sol, le trajeron todos los que estaban enfermos y los endemoniados. Y toda la ciudad se había amontonado a la puerta. Y sanó a muchos que estaban enfermos de diversas enfermedades, y expulsó muchos demonios; y no dejaba hablar a los demonios, porque ellos sabían quién era Él (Mar. 1:21-34).

Vemos en este pasaje que Jesús enseñó en la sinagoga, reprendió a un espíritu maligno, entró en la casa de Simón y Andrés, y curó a la suegra de Simón y a muchos enfermos y oprimidos por los demonios, y finalmente, al atardecer, toda la ciudad acudió y se reunió a la puerta para verle. ¡Qué día tan completo! Fíjate en lo que viene después. A la mañana siguiente, Jesús salió temprano para reunirse con su Padre:

> Levantándose muy de mañana, cuando todavía estaba oscuro, salió, y se fue a un lugar solitario, y allí oraba. Y Simón y sus compañeros salieron a buscarle; le encontraron y le dijeron: Todos te buscan (Mar. 1:35-37).

Podemos ver un ejemplo similar en Lucas 5:15-16. Si Jesús se retiró para pasar tiempo con Su Padre, ¡cuánto más debemos hacerlo nosotros!

Dos preguntas que podemos hacer cuando nos encontramos con el Señor

Quizás algunas de ustedes no están seguras de qué hacer durante sus tiempos con el Señor. Tal vez hayan intentado hacerlo en el pasado y se han sentido frustradas, incluso aburridas. Luego, ¡se sienten tan culpables! Veamos el primer encuentro personal de Pablo con el Señor y encontremos dos preguntas que podemos llevar en nuestro encuentro con Jesús. Mira Hechos 22, donde Pablo (cuando todavía se llamaba "Saulo") está en el camino a Damasco. Verás en los versículos 8 y 10 las preguntas que

Pablo le hizo al Señor durante este primer encuentro con Jesús: "¿Quién eres, Señor?" y "¿Qué debo hacer, Señor?"

Estas son buenas preguntas bíblicas para hacer cada vez que te encuentres con Dios. Te sugiero que pongas esas dos preguntas en la parte superior de una hoja de papel, junto con la fecha y los versículos bíblicos que estás leyendo. Luego lee y pasa un tiempo tratando de responder una o las dos preguntas de tu pasaje. Puedes guardar tus notas para consultarlas en el futuro, ya sea para tu propia edificación o como estímulo para cuando compartas un pasaje de la Escritura.

Hagas lo que hagas, abre tu corazón de nuevo a Cristo. Confiesa cualquier aburrimiento o indiferencia. Pide, busca y llama, pues Él promete responderte y abrirte el camino para que recibas buenos regalos de Su Padre celestial (Mt. 7:7-11). No te mueras de hambre por más tiempo.

UN CARTA A TU PASTOR

Estimado pastor,

Tu esposa puede estar luchando espiritualmente, pero tiene miedo de hablar con alguien al respecto, tal vez incluso contigo. Pregúntale con delicadeza cómo se encuentra en lo más profundo de su alma. ¿Siente ella la cercanía amorosa de su Padre celestial?

La mayoría de sus amigas asumirán que ella es una gigante espiritual porque está casada contigo.

¿Cómo puedes ayudarla a que se acerque más a Cristo? ¿Puedes darle tiempo para que se aleje de los niños y pueda escapar para encontrarse con su Señor? Tal vez le gustaría reunirse contigo una vez a la semana para leer la Biblia y orar. ¿O qué tal si la liberas de un fin de semana para que se renueve espiritualmente mientras tú te ocupas del hogar? Cuida de tu esposa como lo haces con tu rebaño. Ella también necesita al Señor.

Para que podamos presentar a todos maduros en Cristo,
Jani

10

¡AYUDA! Nuestro romance está retrocediendo

Creo que la feliz responsabilidad de toda esposa de un pastor es, seducir a su pastor.

Dios está a favor del romance

Sí, ¡has leído bien! La protección más fuerte de un esposo contra el adulterio es una relación divertida y satisfactoria con su esposa. Nosotros, como líderes cristianos, deberíamos tener los matrimonios más felices, románticos y satisfactorios de toda la sociedad.

La palabra de Dios es abiertamente pro-romance. Nos hizo hombre y mujer como parte de Su "muy buena" creación. Piensa en todas las historias de amor de la Biblia: Abrahám y Sara, Isaac y Rebeca, Jacob y Raquel, Rut y Booz, entre otros. Piensa en algunos de los pasajes bíblicos que son eróticos, como el Cantar de los Cantares o Proverbios 5:15-19. Dios celebra el amor y el sexo en el matrimonio. Él valora nuestra sexualidad y nos pide que disfrutemos de este hermoso don dentro de la seguridad de un compromiso matrimonial para toda la vida. Amemos a nuestro esposo en todas las maneras en que Dios nos anima a hacerlo.

Te casas con tres hombres

Las mujeres que están felizmente casadas saben que tener un esposo no hace un gran matrimonio, al igual que tener un piano no te hace un gran músico.

En realidad, te casas con tres hombres:

1. El hombre con quien creías que te habías casado.
2. El hombre que realmente es.
3. El hombre en el que se está convirtiendo al estar casado contigo.

¿En qué se convertirá tu esposo por haberte elegido a ti? ¿Le estás ayudando a ser un hombre de una sola mujer?

Hay muchas atracciones fuera de tu matrimonio que pueden separarles a ti y a tu esposo. Un matrimonio fuerte, romántico y feliz es una defensa segura contra muchas de las fuerzas del mal que quieren ver a tu esposo derrotado. En un matrimonio con un pastor, es vital refrescar tu romance, y luego volver a refrescarlo, y seguir refrescándolo hasta que tu matrimonio

[6] Ed Wheat and Gaye Wheat, El placer sexual ordenado por Dios: Técnicas y satisfacción sexual en el matrimonio cristiano (Grand Rapids, MI: Baker, 2010).

terrenal llegue a su fin y se despidan el uno del otro hacia su unión celestial, eterna con Cristo.

Un punto vulnerable en tu matrimonio

Tú, querida esposa del pastor, eres la única fuente legal y bendecida por Dios de satisfacción sexual que tiene tu pastor al seguir cuidadosamente al Señor. Mi esposo comparte muchas cosas con otros: su tiempo, sus energías, su dinero, su sabiduría, su humor, su biblioteca, ¡hasta su carne de venado! Pero hay una cosa que nunca comparte con nadie más —es sólo mía—, su cuerpo. Quiero atesorar este regalo.

Aprende a dar a tu esposo la alegría y el placer que sólo puede experimentar dentro de la seguridad de un matrimonio piadoso. Proverbios 5:15-19 le dice a tu esposo que se regocije en ti, que se satisfaga gratamente con tus pechos, que se embriague con tu amor. ¿Estás haciendo todo lo que puedes para ser lo más encantadora posible? ¿Sigues coqueteando con él? ¿Has seducido alguna vez a tu esposo?

Si la parte física de tu matrimonio no llega a ser todo lo que puede ser, tu matrimonio puede seguir sobreviviendo porque el sexo no lo es todo. Pero tu matrimonio tendrá un punto débil, un lado vulnerable donde Satanás puede atacar. Así que busca cultivar una profunda intimidad física con tu esposo que une su corazón y su cuerpo al tuyo. Esto requiere tiempo, creatividad e iniciativa. No te rindas antes de tiempo. Mamá Ortlund solía decirme: "Las cosas buenas tardan en ser buenas".

Puede que necesites ayuda en esto. Yo sí la necesité. No entendía las complejidades de los placeres sexuales que Dios ofrece a una pareja casada. En los primeros años de nuestro matrimonio, Ray disfrutaba de nuestros momentos de intimidad más que yo. Yo necesitaba educarme a mí misma y enseñar a Ray también. Un libro que nos ha ayudado mucho es *El placer sexual ordenado por Dios: Técnicas y satisfacción sexual en el matrimonio cristiano* de Ed y Gaye

Wheat.[6] Lo hemos encontrado muy revelador, y con frecuencia les damos una copia como regalo de bodas o de despedida a las parejas jóvenes. Consigue una copia y léelo. Compártelo con tu esposo. ¡Creo que disfrutarán de unos resultados felices!

Un desafío para ti

Déjame que te desafíe. Cuando termines de leer este libro, planea una sorpresa para tu esposo. Probablemente prefieras que sea él quien tome la iniciativa, pero te animo a que lo intentes y veas lo que ocurre.

- Compra esa prenda de vestir que sólo él ve y planea una noche especial juntos.
- Gasten en una habitación llena de velas y algún perfume nuevo, y luego úsalos.
- Organicen una cena en casa sin niños y vean a dónde puede llevarles. (¿Puedo recomendar que no sea una noche en la que su equipo deportivo favorito esté jugando en las finales? Sólo es un pequeño consejo de madre).
- Uno de mis favoritos es sorprender a Ray para comer. Una vez me sentí tan sola para pasar tiempo con mi esposo que le pregunté a uno de nuestros ancianos, que tenía un almuerzo mensual con Ray, si podía ocupar su lugar como una sorpresa especial. Aceptó amablemente. Entonces llamé a la asistente de Ray y le pedí que reservara tiempo extra para nuestro almuerzo, pidiéndole que fuera mi cómplice. Puedes imaginar la sonrisa de Ray cuando entró en el restaurante del hotel y descubrió que yo era la persona con la que iba a almorzar. ¡Nos divertimos tanto juntos! Y, créanme, eso no fue nada comparado con la respuesta de Ray cuando la mesera retiró su plato,

[7] Ann Landers, “The Metal Box,” Chicago Tribune, June 6, 1998.

y había una llave de habitación esperándonos. Todavía sonreímos por esta reunión cara a cara.

- Crea una conexión secreta con el otro como hizo esta pareja en la historia que sigue.

El fin de semana pasado celebramos el quincuagésimo aniversario de boda de mis padres. Esta mañana se han ido de viaje a Hawai. Estaban tan emocionados como si fuera su luna de miel. Cuando mis padres se casaron, sólo tenían dinero para un viaje de tres días a unas cincuenta millas de casa. Hicieron un pacto: cada vez que hicieran el amor, meterían un dólar en una caja metálica especial y lo guardaban para un viaje de novios a Hawai en su quincuagésimo aniversario. Papá era policía y mamá, maestra de escuela. Vivían en una casa modesta y hacían todas las reparaciones. Criar a cinco hijos era un reto, y a veces, el dinero escaseaba. Pero no importaba la emergencia que surgiera, papá no dejaba que mamá sacara dinero de la "cuenta de Hawai". A medida que la cantidad crecía, la ponían en una cuenta de ahorros y luego compraban certificados de depósito.

Mis padres siempre estuvieron muy enamorados. Recuerdo que papá llegaba a casa y le decía a mamá: "Tengo un dólar en el bolsillo", y ella le sonreía y le respondía: "Ya sé cómo gastarlo".

Cuando cada uno de los hijos nos casamos, mamá y papá nos dieron una pequeña caja de metal y nos contaron su secreto, lo cual resultó encantador. Ahora los cinco estamos ahorrando para nuestra soñada luna de miel. Mamá y papá nunca nos dijeron cuánto dinero habían conseguido ahorrar, pero debió ser considerable porque cuando cobraron esos certificados de depósito, tenían suficiente para el pasaje aéreo a Hawái, el hospedaje en un hotel durante diez días y mucho dinero para gastos. Mientras se despedían de nosotros antes de marcharse, papá nos guiñó un ojo y dijo: "Esta noche vamos a abrir una cuenta para Cancún. Eso sólo nos tomará veinticinco años!".[7]

¿Aceptas mi reto? ¡Oh, por favor, hazlo! Estar casada con un pastor tiene tensiones únicas. Pero Dios puede usar esas mismas tensiones para construir un romance bíblico que no sólo te emociona y satisface, sino que también bendice las vidas de aquellos que te conocen. Acepta el llamado de Dios para amar a tu esposo en formas que sólo tú puedes. Busca edificar un romance prolongado, auténtico e intacto con ese pastor con el que estás casada. Ahora, querida hermana, deja este libro y comienza un plan de acción. Ambos se alegrarán de haberlo hecho.

CARTA A TU PASTOR

Estimado pastor,

Le he dado a tu esposa la tarea de ayudarte a obedecer Proverbios 5:15-19 siendo tan encantadora como pueda ser. La he animado para que te entrene en cómo amarla físicamente en todas esas formas satisfactorias que sólo tú puedes. La he animado a que ayude a su matrimonio a convertirse en todo lo que Dios quiere que sea.

¿Estás dispuesto a ayudarla a completar esta tarea? Te aseguro que es algo en lo que estarán encantados de trabajar juntos!

Que Dios bendiga tu romance cada vez más,
Jani

11

¡AYUDA! Están hablando otra vez

Este correo electrónico era nuevo, pero, lamentablemente, el trauma emocional no lo era:

> Querida Jani,
> Mi esposo ha sido calumniado y traicionado públicamente por nuestros amigos más cercanos que trabajaban con no-

sotros hasta que nos despidieron. Esto está destruyendo mi fe. Sin trabajo y sin ingresos desde hace meses, algunos días no sé cómo seguir adelante. Continuar en el ministerio es confuso: tenemos una enorme falta de confianza y estamos gravemente heridos. ¿Cómo se puede evitar morir? ¿Cómo se puede superar la herida y la traición? ¿Cómo se puede dar sentido a esto con Dios y Su soberanía?

¿Cómo?

El tema de muchas conversaciones

Se habla de los líderes. Debido a su posición, tu marido será objeto de muchas conversaciones. De hecho, algunas de esas conversaciones se dirigirán a ti. Como mujeres que acompañamos en el ministerio, y como hijas del Rey, necesitamos pensar en cómo lidiar con las inevitables críticas y chismes que desafortunadamente circulan en nuestra cultura hoy en día, incluso dentro de nuestra cultura cristiana.

Sabemos que la verdad estabiliza y fortalece las relaciones. Por eso Dios prohíbe con amor toda clase de falsedad (Éxod. 20:16; Lev.19:11). Él nos instruye para que hagamos de la verdad, la pureza y el honor la base de todas nuestras relaciones.

Sin embargo, ¡nos resulta tan difícil! Somos mentirosos por naturaleza y vivimos en una cultura de la mentira. Pablo tuvo que decirles a los cristianos de Colosas: "No mintáis los unos a los otros, puesto que habéis desechado al viejo hombre con sus malos hábitos" (Col. 3:9). Todos podríamos contar historias de rumores, mentiras o medias verdades, incluso ocasiones en las que se ocultó la verdad y cómo esto provocó un profundo dolor y acabó envenenando las relaciones en nuestra vida.

[8] Edith Schaeffer, Lifelines: The Ten Commandments for Today (Wheaton, IL: Crossway, 1982), 189.

Tu lengua

Pensemos primero en nuestra responsabilidad en esta área. Santiago 3 habla de que la lengua es una parte tan pequeña de nuestro cuerpo y, sin embargo, revela lo bien que controlamos todo nuestro cuerpo: "Si alguno no tropieza en lo que dice, es un hombre... capaz también de refrenar todo el cuerpo... pero ningún hombre puede domar la lengua; es un mal turbulento y lleno de veneno mortal" (versículos 2, 8).

¡Cómo necesitamos la ayuda de Dios en esta área como líderes en Su obra! La esposa de Francis Schaeffer, Edith, lo dijo así:

> Si un informe es innecesario y poco amable, y puede ser un poco exagerado al
> contarlo la próxima vez, es mejor que nos callemos al respecto. Es mi lengua y tu
> lengua la que se asemeja a un caballo desbocado que se escapa con su
> jinete. Es mi lengua y la tuya la que se asemeja al barco que se agita en las olas con
> el timón mal puesto en manos del experto.[8]

Una vez pronunciada, cualquier palabra de chisme —de hecho, cualquier palabra que pronunciamos— es imposible recuperarla. Es como intentar capturar una nube.

Tal vez hayas oído la historia del joven monje que acudió a su superior porque había pecado en la forma que había hablado de alguien. Su superior le indicó que fuera a poner una pluma en la puerta de todos aquellos con los que había hablado

sobre este asunto, lo que el joven monje hizo inmediatamente. Volvió a su superior para preguntarle qué debía hacer a continuación. Cuando su superior le dijo que ahora debía ir a recuperar cada pluma, exclamó: "¡Pero no puedo! A estas alturas esas plumas están esparcidas por toda la ciudad". La respuesta tranquila de su superior fue: "Igualmente tus palabras". Como líderes, supliquemos a Dios que: "Señor, pon guarda a mi boca; vigila la puerta de mis labios!" (Sal. 141:3).

Debemos hacer todo lo posible para que la honestidad, la bondad y el amor gobiernen el discurso en nuestras esferas de influencia: en nuestros hogares, en nuestras habitaciones, en las mesas de desayuno, en nuestras conversaciones telefónicas y en los correos electrónicos. "Panal de miel son las palabras agradables, dulces al alma y salud para los huesos" (Prov. 16:24). ¿Tienen mis palabras un sabor dulce y aportan salud a quienes las escuchan? "Muerte y vida están en poder de la lengua, y los que la aman comerán su fruto" (Prov.18:21). ¿Mi discurso es vivificante o debilitante?

La lengua de otro

Tal vez pienses: "Jani, no es mi propia lengua el problema aquí. Aunque el Señor ha tratado conmigo antes con respecto a mi lengua, mis lágrimas y temores hoy no son por mis propias palabras. Son los rumores que otros han difundido sobre mí y mis seres queridos los que me duelen tanto. El dolor de sus críticas llega a lo más profundo de mi corazón. También tiene efectos duraderos en nuestra familia".

Un teléfono móvil puede ser tan mortal como una pistola. Yo he pasado por eso. He experimentado la incredulidad y el dolor del pánico de la lengua suelta de otra persona, junto con las ramificaciones irreversibles para el ministerio que trae la calumnia. ¿Cómo te aconsejaría?

Deja que tu luz brille

En primer lugar, vivamos vidas tan llenas de Cristo que cuando se diga algo falso sobre nosotros, los demás tendrán numerosas y buenas razones para no creerlo. "No seáis motivo de tropiezo ni a judíos, ni a griegos, ni a la iglesia de Dios; así como también yo procuro agradar a todos en todo" (1 Cor. 10:32-33a). Pídele a Dios que te ayude a brillar con su resplandor, derramando Su luz resplandeciente sobre cada persona con la que te relacionas (Mat. 5:16).

Jamás sobre - siempre con

Tenemos una regla en nuestra casa. Es una regla que Amy Carmichael, misionera de los huérfanos en la India, estableció mientras dirigía su ministerio: "Jamás sobre - siempre con". Preguntémonos a nosotros mismos y a los demás: "¿Has hablado con esa persona directamente antes de compartir algo sobre ella? ¿Está su nombre a salvo en tu casa?".

En una ocasión, en uno de los trabajos pastorales de mi esposo, durante una época difícil, un miembro del personal renunció, pero regresó unos meses después y le pidió a Ray que lo perdonara por haber difundido mentiras sobre él. Por supuesto, Ray le perdonó. Pero el daño ya estaba hecho, y el hombre no hizo ningún esfuerzo por deshacer ese daño. Todavía vivimos con las repercusiones de la calumnia. No digo esto porque nuestra experiencia fuera inusual, sino porque fue muy común, algo que sin dudas, ustedes comprenden muy bien. Esto es lo que quiero decir: si esta persona hubiera hablado *con* Ray, en lugar de hablar *sobre* él.

Mira a otros líderes llenos de Cristo

Me ha resultado útil estudiar a otros líderes cristianos que han sufrido graves críticas y ataques exagerados a su reputación y aprender de sus ejemplos. Recomiendo leer buenas biografías cristianas para ver cómo respondieron otros. Sarah Edwards, Charles Simeon, Amy Carmichael... hay muchas para elegir, porque la calumnia siempre ha estado presente entre nosotros. En lugar de gastar energía emocional defendiéndose y protegiéndose, verás cómo se volvieron hacia Dios. Y eso es lo que

[9] George MacDonald, Malcolm, ed. Michael Phillips (Minneapolis: Bethany, 1982), 174–75.

debemos hacer nosotros también. "Considerando el resultado de su conducta, imitad su fe" (Heb. 13:7b).

La Biblia dice que el amor cubre la ofensa (Prov. 17:9). Parte del ministerio es aprender a cubrir las ofensas de otros con ese amor cristiano. ¿Cómo se ve esto? George MacDonald nos lo muestra en su revelador libro *Malcolm*. Malcolm había sido acusado injustamente de haber hecho algo malo, y los rumores se estaban extendiendo. Aquí Malcolm está hablando con su amiga, mayor que él, la sabía señorita Horn:

> "Bueno, mamita, ¿qué quieres que haga? No puedo enviar a mi padre anciano por la ciudad con sus pipas para proclamar que no soy el hombre. Creo que tendré que dejar el lugar…"
> "Muchos buenos hombres han sido llamados peores cosas, y la gente pronto olvida que alguna vez se dijo la mentira. No, no; nunca huyas de una mentira. Y nunca digas, tampoco, que no hiciste la cosa, a menos que te la echen en cara. Deja que la mentira quede en el suelo. Si la recoges, la suciedad se te pegará, aunque tires la mentira por el dique del fin del mundo. ¡No, no! Deja que la mentira se quede como la cola del diablo".
> "¿Qué debo hacer entonces, mamita?"
> "¿Hacer? ¿Quién dijo que debías hacer algo? Lo mejor es quedarse quieto. Deja que la ola te pase por encima sin agacharte… Sigue tu camino, muchacho; ora tus oraciones y levanta la cabeza. ¿Quién no preferiría ser acusado de todos los pecados de los mandamientos que ser culpable de uno de ellos?"[9]

Ve a Cristo

Querida hermana, ser cristiano es mucho más que pedirle a Jesús que entre en tu corazón. Creer en Su bondad y en Su cuidado y amor por ti tendrá su pleno efecto sólo cuando te *sientas* amada y cuidada de corazón en medio de tu propia realidad. Todo comportamiento tiene sus raíces en lo que creemos. Nuestras emociones provienen de nuestra creencia de corazón de que:

> Jesús es suficiente o *Jesús no es suficiente* (y debemos de alguna manera llenar el vacío que sentimos que Él puede o quiere llenar para nosotros).

Por ejemplo, si digo que creo que Dios se preocupa por mí y que es soberano sobre toda mi vida en misericordia y amor, sin embargo, estoy atrapada por varios temores que paralizan y deshonran a Cristo, realmente no confío en que Dios es bueno. Mi fe en Su control soberano es sólo un concepto intelectual, no una creencia de corazón.

Cuando dejo de confiar en Dios, empiezo a forjar mi propio camino, y entonces me vuelvo muy peligroso. Después de todo, los demonios creen en Dios (Stgo. 2:19). Pero no tienen una relación de amor con Dios, y eso marca la diferencia. Nuestros corazones necesitan ser renovados y maravillados con el amor redentor de Dios.

Recuerda el Salmo 36:7-9:

> ¡Cuán preciosa es, oh Dios, tu misericordia!
> Por eso los hijos de los hombres se refugian a la sombra de tus alas. Se sacian de la abundancia de tu casa, y les das a beber del río de tus delicias. Porque en ti está la fuente de la vida; en tu luz vemos la luz.

Es el amor de Dios el que redime nuestras vidas del foso, no la alta estima que tenga una persona por nosotros o una reputación perfecta. Por eso, cuando nos sentimos heridos, retrocedemos o incluso nos despiden, a causa de los chismes y los rumores, acudimos al Dios que redime todas nuestras vidas, no sólo en el momento de la conversión, sino a lo largo de todo el camino, mientras avanzamos tropezando hacia el cielo con nuestras debilidades.

A medida que Dios cumple Su promesa de gracia en nosotros, nos sentimos profundamente abrumados por Su amor redentor hacia nosotros, y no dejaremos que las calumnias y las críticas nos hagan fracasar emocional o espiritualmente. Humildad —verdadera humildad— desactiva los rumores. Ser verdaderamente humilde significa que no me escandaliza nada de lo que alguien pueda decir de mí, porque si me conocieran mejor tendrían aún más de qué hablar.

No sólo la gracia de Dios nos colmará de humildad, sino que llegaremos a estar tan profundamente seguros en Cristo que Su amor y cuidado por nosotros anulará nuestra necesidad de aceptación y honor de este lado del cielo. Podremos resistir los malos informes, el escrutinio implacable o la crítica injusta, porque nuestras almas aprenderán a encontrar nuestro descanso sólo en Dios (Sal. 62:1).

Él nos ayudará bondadosamente a abrazar el llamado que nos hace en 1 Pedro 3:9:

> "no devolviendo mal por mal, o insulto por insulto, sino más bien bendiciendo, porque fueron llamados con el propósito de heredar bendición". ¿Y cuál es esa bendición? Cuando todos los propósitos de Dios se cumplan y todos los males sean finalmente corregidos, Dios dará un verdadero testimonio sobre Sus siervos. Cuando los amigos, los estudiantes, la familia o los miembros de la iglesia te calumnien o incluso te abandonen, estarás en buena compañía: Jeremías, Pablo y otros santos héroes. Recuerda que Dios tendrá la última palabra sobre ti —sobre tu marido— y tu bondadoso Rey dará un verdadero testimonio sobre tu corazón piadoso y tu verdadero valor. Servimos al Dios que nos recuerda. "Porque Dios no es injusto como para olvidarse de vuestra obra y del amor que habéis mostrado hacia Su nombre, habiendo servido, y sirviendo aún, a los santos" (Hch. 6:10).

Así que, por la gracia de Dios y con Su poder, seamos esposas que se esfuerzan por controlar nuestras lenguas y sobrellevar las acusaciones falsas. "Cuando nos ultrajan, bendecimos. Cuando somos perseguidos, lo soportamos. Cuando hablan mal de nosotros, tratamos de reconciliar" (1 Cor. 4:12-13). Jesús lo hizo.

De hecho, Su brutal ejecución se basó en un falso testimonio (Mt. 26:57-62), pero incluso durante Su agonía en la cruz, no atacó. La Biblia dice que Jesús se encomendó al que juzga con justicia (1 Pe. 2:23). Nosotros también podemos hacerlo.

En Jesús encontramos a un sumo sacerdote compasivo que fue brutalmente torturado y asesinado porque los hombres lo calumniaron. En la cruz, Jesús absorbió esas mentiras —y toda mentira o rumor que se refiere a ti— y, a su vez, fue amable y manso, y correspondió con amor al encomendarse a Su Padre. Y dice: "Sígueme, toma tu cruz y entrégate a mi Padre. Todo saldrá bien. Tu trabajo por Él nunca es en vano" (ver 1 Cor. 15:58).

Día a día

Sirve a Cristo con devoción de todo corazón y deja que Él sea el juez de lo bien que has servido. ¿Cómo se ve eso día a día?

Intenta *recibir cualquier persecución como si viniera del Señor*, a quien has dedicado toda tu vida, ya que tuvo que haber pasado por tu escudo protector del Espíritu Santo, antes de que cayera en tu vida. Él lo permite por algún poderoso propósito. Una de dos: o es caprichoso y cruel, o tiene planeado algo bueno en lo que te ha pedido que participes. Nosotros seguimos al que sólo trajo el bien a los demás, y sin embargo, fue brutalmente asesinado porque otros líderes religiosos se vieron amenazados por Su ministerio. Jesucristo comprende. Él se preocupa. Inclínate en Su pecho marcado por la espada y deja que rodee tus hombros caídos con Sus manos marcadas por los clavos.

Sigue clamando a Él. Incluso cuando parece estar en silencio, continúa insistiendo. El padre de Ray solía decirme: "Jani,

[10] Eliza E. Hewitt, "Where His Voice Is Guiding," 1896.

esperar es lo que hace la fe hasta que Dios aparece". Mantente dispuesta a esperar. Sigue contemplando a Dios.

Encuentra un versículo —una promesa— al que aferrarte. Aférrate a él, memorízalo, medítalo y recítalo en las horas de oscuridad. Un consejero cristiano sabio nos dio esta tarea cuando estábamos en un pozo profundo y oscuro a causa de las calumnias. Nuestro versículo era 1 Pedro 5:10, y Dios lo está cumpliendo en nuestras vidas:

Y después de que hayáis sufrido un poco de tiempo, el Dios de toda gracia, que los llamó a Su gloria eterna en Cristo, Él mismo os perfeccionará, afirmará, fortalecerá, y establecerá. (1 Pe. 5:10).

Durante varios años no veíamos que Dios cumpliera esa promesa en nuestras vidas. Hoy, al mirar atrás, nos asombra la fidelidad de Dios. Se puede confiar en Él. Al final, cada palabra de Dios resultará ser cierta. Él no puede mentir. Pídele a Dios ese versículo destinado a ti en esta dolorosa situación. Él es fiel. Su tiempo puede ser diferente al tuyo, pero Él es fiel para cumplir cada promesa que ha hecho.

Deja el juego de las comparaciones. No te preocupes, ni hables, ni te inquietes por la forma en que otros siervos parecen estar prosperando, teniendo éxito y floreciendo. Guarda tu corazón en casa. Recuerda esto:

> Aquel que vive para siempre,
> recorrió antes este camino terrestre,
> conoce sus peligros, conoce su desolación,
> Él enviará a tu alma consolación.[10]

UNA CARTA A TU PASTOR

Estimado pastor,

Ray y yo también entendemos lo que se siente al ser reducido a polvo en el molino de rumores. Al igual que tú, tu esposa puede sentirse herida, temerosa, vulnerable e indefensa. Pídele que comparta su corazón contigo. Podrían leer y hablar juntos sobre el Salmo 55: "Porque no es un enemigo el que me reprocha, Si así fuera, podría soportarlo…

Sino tú… mi íntimo amigo. Aquel ha extendido sus manos contra los que estaban en paz con él, ha violado su pacto" (versículos 12-13, 20).

También puedes acudir al Salmo 109 y leer juntos los cinco primeros versículos. Como hizo el salmista, entréguense a la oración. Dejen que este momento difícil los acerque más, en lugar de abrir una brecha entre ustedes. Luego, encuentren una promesa en las Escrituras que puedan reclamar juntos durante este tiempo de oscuridad. Manténganse firmes en esa promesa, mirando a su Dios que cumple las promesas. No dejes que el enemigo gane!

Agradecida por sus promesas,
Jani

12

¡AYUDA! Recuérdame por qué hacemos esto

Después de compartir algunos de los abrumadores desalientos de sus últimos años en el ministerio, el correo electrónico de mi joven amigo terminaba así: "A veces sólo necesito fuertes recordatorios de por qué hacemos lo que hacemos y por qué no debemos rendirnos". Fuertes recordatorios de por qué. Sí, todos los necesitamos. Así que en este último capítulo, recordemos por qué lo hacemos.

[11] Elisabeth Elliot, A Path through Suffering (Ann Arbor, MI: Servant, 1990), 101.

¿Por qué hacemos lo que hacemos?

Ante las exigentes expectativas, la decadencia del crecimiento de la iglesia y el fracaso de las amistades, ¿por qué hacemos lo que hacemos? Una cosa es ser despreciado por el mundo que te rodea. Pero otra cosa muy distinta es ser humillado e incluso abandonado por aquellos por los que has derramado tu vida, de hecho, los mismos que te pidieron que vinieras a servir entre ellos. ¿Por qué hacemos esto? ¿Por qué elegimos soportar la vergüenza y la tristeza, y continuar con el ministerio?

Hacemos esta decisión —y es una decisión— porque Cristo nos ha elegido, y ahora le amamos. Seguimos al que fue traicionado y abandonado por sus amigos más cercanos. Una parte de esa vergüenza se extenderá a nuestros ministerios cuando sigamos sus pasos. ¿Qué debemos hacer? Anhelamos ser dignas de tal privilegio, pero nos negamos a lo que esto requiere. ¿Qué significa esto para mí —no para esa otra esposa de pastor que parece tenerlo mucho más fácil, sino para mí— tomar mi propia cruz y seguir a Cristo? ¿Qué significa perder mi vida por Él (Mat. 10:38-39)?

Elisabeth Elliot es una de mis héroes. Por favor, no se pierdan la profundidad de su fe vista a través de sus libros. En *A Path through Suffering* (Un camino a través del sufrimiento). Ella escribe:

> ¿Acaso los caminos de Dios parecen extraños para quienes sinceramente sólo buscan ser siervos buenos y fieles? Hay vientos fuertes, años silenciosos de tensión, muertes que hay que morir. Aquel a quien servimos no nos ha dejado sin conocimiento del por qué. Todos los que quieran llevar almas a Dios deben hacerlo
> mediante la entrega y el sacrificio. Esto es lo que significa amar a Dios, una ofrenda continua, una disposición pura a entregarse, una obediencia gozosa. No hay que preguntarse: "Pero, ¿y yo?", porque toda la motivación es el amor. Todos los intereses, todos los impulsos, todas las energías están sometidas a esa pasión suprema.[11]

Ese amor brota de nuestra fe. Este tipo de fe es profunda y espera mucho, incluso en medio del dolor. Nuestra fe no resuelve nuestro dolor, sino que convive con él, soportando con paciencia mediante el poder de Su fuerza (Col. 1:11). Entonces, a la manera de Dios, Él se lleva la gloria y nosotros el gozo.

¿Por qué debemos seguir adelante?

No sé cuál es la ola de dificultades que te está afectando, pero sí sé que Dios lo está permitiendo y que puedes confiar en Él. Él ve esta tormenta en la que te encuentras, donde el avance es tan doloroso debido a todo lo que está en tu contra (Mar. 6:45-52). Él está usando esta misma tormenta para ayudar a completar la gran obra que comenzó en ti hace muchos años (Fil. 1:6). Aférrate y deja que esta tempestad te sumerja más en los brazos de tu Padre. Únicamente los que lo necesitan se acercarán a Su corazón. Sigue contemplando, sigue clamando, sigue confiando en que Su palabra es verdadera para ti, ¡porque lo es!

Aprende a abrazar al Dios a quien sirves de manera más profunda y personal. Él ve, Él entiende, es el Dios de la restauración. "Él restaura mi alma" (Sal. 23:3). Recuerda el panorama general.

Él te eligió en Cristo antes de que el tiempo existiera, y te creó para caminar en buenas obras específicas:

> Según nos escogió en Cristo antes de la fundación del mundo, para que fuéramos santos y sin mancha delante de Él (Efes. 1:4).
> Porque somos hechura Suya, creados en Cristo Jesús para hacer buenas obras, las cuales Dios preparó de antemano para que anduviéramos en ellas (Efes. 2:10).

Él moldeó cada día de tu vida, y los inscribió en Su libro, antes de que tomaras tu primer aliento:

> Tus ojos vieron mi embrión, y en Tu libro se escribieron todos los días que me fueron dados, cuando no existía ni uno solo de ellos (Sal. 139:16).

Todo lo que haces por Jesús tiene consecuencias, tiene peso a la luz de la eternidad:

> Por tanto, mis amados hermanos, estad firmes, constantes, abundando siempre en la obra del Señor, sabiendo que vuestro trabajo en el Señor no es en vano (1 Cor. 15:58).

Tú eres una mujer sincera, una ofrenda fragante y vivificante para el Dios que te comisionó. A sus ojos, hablas de Cristo a los demás:

> Pero gracias a Dios, que en Cristo siempre nos lleva en triunfo, y que por medio de nosotros manifiesta la fragancia de Su conocimiento en todo lugar. Porque fragante aroma de Cristo somos para Dios entre los que se salvan y entre los que se pierden. Para unos, olor de muerte para muerte, y para otros, olor de vida
> para vida. Y para estas cosas, ¿quién está capacitado? Pues no somos como muchos, que comercian la palabra de Dios, sino que con sinceridad, como de parte de Dios y delante de Dios hablamos en Cristo (2 Cor. 2:14-17).

Sigue resistiendo. No te rindas. Mantente firme contra las artimañas del diablo, que busca destruirte a ti y a tu esposo.

Si estás débil, triste, desanimada, ¿Qué con esto? Dios se entrega aún más a los que lo necesitan. Tu desánimo no es un problema para Él. No se escandaliza de tu necesidad. Tu debilidad es una de sus estrategias para llevarte a una comunión cada vez más profunda y significativa hacia Él, quién es el único que puede comprender y satisfacer realmente tu necesidad.

He aquí cuatro cosas que me digo a mí misma cuando tengo la tentación de permitir que el desánimo reine en mi corazón.

1. *Voluntariamente me casé con este pastor.* No me obligaron a hacerlo. De hecho, le pedí al Señor que hiciera que Ray se enamorara de mí. (Estoy segura de que al menos algunas de ustedes pueden identificarse). Entonces, ¿qué haré con la respuesta del Señor: "Sí, hija mía. Te daré a mi siervo como tu esposo, y te daré a ti como su ayuda idónea. Tú eres mi regalo para Ray Ortlund Jr. (Prov. 18:22)"? ¿Cómo seguiré respondiendo a la respuesta de Dios a mi oración?

2. *No te sorprendas de que el ministerio sea difícil.* Aceptar esto me llevó tiempo. Había pensado que la vida —y especialmente mi vida en en el ministerio— sería más fácil de lo que ha sido. Pero incluso las dificultades más duras se han convertido en algo valioso para mí, ya que he sido cuidada por Dios. Él ve (Gén. 16:13). Él sabe (Jn. 10:14). Él se preocupa (1 Ped. 5:7). Además, Él recompensa a los que lo buscan (Heb. 6:10). La vida es dura, pero Dios sigue siendo bueno. Su bondad supera la dureza en cada punto del camino. Mientras más difícil es mi vida, más lo necesito, y esa es la bendición más maravillosa de toda la vida: ¡más de Jesús!

3. *Recuerda la cruz. Jesús entiende mis días de soledad.* Él entiende lo que significa la calumnia. Él sabe lo que significa trabajar duro. Él experimentó sufrimientos mucho más allá de las pruebas triviales que yo experimento. Yo soy su servidora; toda mi vida es una ofrenda. Por lo tanto, puedo mantenerla con soltura, con un amor de manos abiertas. Si no baso mi felicidad en mis esperanzas y sueños, tengo menos que perder cuando no se cumplen según mis expectativas. "El que no negó ni a Su propio Hijo, sino que lo entregó por todos nosotros, ¿cómo no nos dará también junto con Él todas las cosas?" (Rom. 8:32).

4. Este no es el final de mi historia. Mi vida terrenal tuvo un principio y tendrá un final. Mi vida en Cristo también

> tuvo un comienzo, pero nunca terminará. Él se reveló a mí con un amor irresistible y me adoptó como Su hija y ha cuidado de mí todos los días de mi vida. Él se ha adelantado a mí y está preparando un lugar para cuando mi vida terrenal termine. ¿Cómo podría abandonarme en este camino hacia ese lugar? Cuando la oscuridad parece nublar mi corazón y mi camino, acudo a Su Palabra y encuentro una promesa a la que aferrarme como lámpara para mis pies y luz para mi camino (Sal. 119:105).

¿Por qué debemos seguir adelante? Porque Jesús vale la pena. El Salmo 84:11 sigue siendo cierto. El Señor Dios será tu guía y tu protector. Él te dará Su favor y honor. ¡No te rindas demasiado pronto! Él nunca retendrá nada bueno a Sus justos. Ahora deja que te lo demuestre a ti y a ese pastor con el que estás casada. Que Dios te bendiga más y más en tu matrimonio. Nos encontraremos pronto y serviremos juntas a nuestro Señor para siempre. ¡No puedo esperar!

UNA CARTA PARA TU PASTOR

Estimado pastor,

Tu esposa ha leído este libro porque quiere que su matrimonio sea sano y satisfactorio. ¿Por qué no le preguntas que comparta contigo cómo Dios le ha estado hablando aquí? Después que ella comparta su corazón contigo, hazle saber cómo te va a ti. Los dos están juntos, mientras él sirve como pastor y tu como su esposa, como aliados íntimos, por la gracia de Dios, para Su gloria y Su gozo. ¡Que Él los use a ustedes y a su matrimonio de maneras hermosas para promover Su reino!

Que Dios los bendiga,
Jani

Apéndice

Oraciones bíblicas por mi esposo

Seamos mujeres que oran por nuestros esposos pastores. La oración es para recibir nuevas bendiciones. ¡Qué privilegio! “Perseveren en la oración, velando en ella con acción de gracias” (Col. 4:2).

¿Quién conoce a tu esposo mejor que tú, lo que quiere, lo que necesita? ¿Quién lo ama más? Ora por mucho tiempo; ora con intensidad. Me gusta llamar a este tipo de oración, oraciones que EMPUJAN: «Ora hasta que suceda algo», de Lucas 18:1-7. Persistamos en la oración con una determinación piadosa, utilizando las Escrituras como base para nuestras peticiones. A continuación hay algunas Escrituras que oro por mi esposo pastor.

Oración por su alma

Querido Padre Celestial,
Gracias por darle a mi esposo el don de la fe. Ahora, por favor, despierta en él una sed aún más profunda de Ti, un anhelo urgente que sólo puede ser satisfecho pasando tiempo Contigo (Sal. 42:1-2). Por favor, llénalo con Tu poder, no con el suyo, a través del Espíritu del Señor (Miq. 3:8). Dale la motivación y la perseverancia que necesita para dedicarse a la oración y al ministerio de la Palabra (Hch.6:4; Efes. 6:18). Haz que su vida cristiana sea un milagro, no una administración.

Padre, guíalo a caminar de una manera digna del Señor (Col. 1:10), ayudándolo a discernir lo que te agrada (Efes. 5:10). Haz que rebose de amor y conocimiento cada vez más y de todo discernimiento (Fil. 1:9). Haz que se distinga en su generación como un hombre lleno de integridad por su excelente espíritu (Dan. 6:3-4). Señor, concédele muchos años de excelente salud para que te sirva. Concédele sabiduría con su cuerpo, Tu templo (1 Cor. 6:18-19). Ayúdale a disciplinar su cuerpo y a mantenerlo bajo dominio (1 Cor. 9:27). Concédele la fuerza para no poner ante sus ojos nada que no tenga valor (Sal. 101:3), y ayúdale a huir de toda inmoralidad sexual (1 Cor. 6:17).

Oración para su familia

Querido Padre Celestial,
Gracias por haberme concedido el honor de ser su esposa. Que él encuentre nuestro amor matrimonial cada vez más cautivador y delicioso (Prov. 5:15-20). Que pase su vida cumpliendo alegremente sus votos matrimoniales, mientras busca amarme como Cristo amó a la iglesia (Efes. 5:25) y vivir conmigo de una

manera comprensiva (1 Ped. 3:7). Que nuestros hijos muestren el cuidado y la belleza de un hogar cristiano sólido (Sal. 144:12), con una fe auténtica vivida con esperanza y obediencia, una fe que podrán transmitir a sus hijos y nietos (Sal. 78:6-7). Que estos niños sean fuertes en la nación y bendecidos por el Señor (Sal. 112:2). Que mi esposo, por Tu gracia, deje un legado de seguidores de Jesucristo llenos del Espíritu, estables y firmes hasta la décima generación (Isa. 44:3-5).

Oración por su ministerio

Oh Señor,
Por favor, aumenta la influencia de mi esposo y conserva Tu mano sobre él (1 Cr. 4:10) mientras busca hacer el mejor uso de su tiempo y trata de entender cuál es Tu voluntad para él (Efes. 5:15-17). Bendícelo con frutos en toda buena obra, y concédele un conocimiento cada vez mayor de Ti (Col. 1:10).

Ayúdale a no predicarse a sí mismo, sino a Jesucristo como Señor (2 Cor. 4:5), y dale el discernimiento para manejar correctamente la Palabra de verdad (2 Tim. 2:15). Que su enseñanza y su predicación estén llenas de integridad, dignidad y de un discurso sano, para que sus críticos no tengan nada malo que decir de él (Tit. 2:15).

Que invierta tiempo y se gaste con gusto por el bienestar eterno de los demás (Cor. 12:15). Y, por favor, amado Padre, ayúdale a pelear la buena batalla, terminando la carrera que le has trazado, mientras guarda la fe hasta su último aliento (2 Tim. 4:7).

Cómo te amo, y cómo lo amo a él.
En el santo nombre de Jesús,
Amén.

Índice general

COALICIÓN POR EL EVANGELIO es una hermandad de iglesias y pastores comprometidos con promover el evangelio y las doctrinas de la gracia en el mundo hispanohablante, enfocar nuestra fe en la persona de Jesucristo, y reformar nuestras prácticas conforme a las Escrituras. Logramos estos propósitos a través de diversas iniciativas, incluyendo eventos y publicaciones. La mayor parte de nuestro contenido es publicado en www.coalicionporelevangelio.org, pero a la vez nos unimos a los esfuerzos de casas editoriales para producir y colaborar en una línea de libros que representen estos ideales. Cuando un libro lleva el logo de Coalición, usted puede confiar en que fue escrito, editado y publicado con el firme propósito de exaltar la verdad de Dios y el evangelio de Jesucristo.

TGC | COALICIÓN